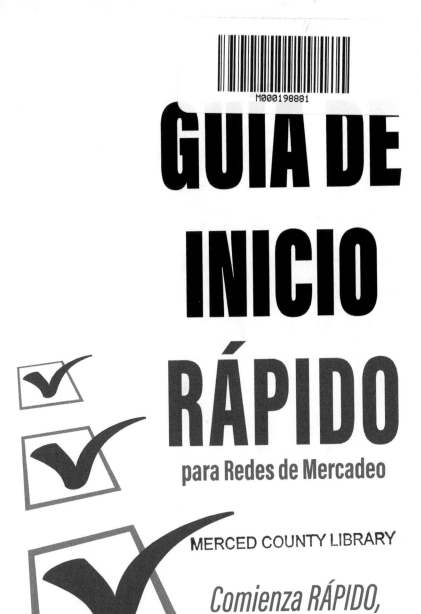

GUIA DE INICIO RÁPIDO

para Redes de Mercadeo

*Comienza RÁPIDO,
¡Sin Rechazos!*

KEITH Y TOM "BIG AL" SCHREITER

Publicado por Fortune Network Publishing

PO Box 890084
Houston, TX 77289 Estados Unidos
Teléfono: +1 (281) 280-9800

BigAlBooks.com

ISBN-10: 1-948197-32-4

ISBN-13: 978-1-948197-32-8

5 0772 08375099 5

CONTENIDOS

Viajo por el mundo más de 240 días al año.
Envíame un correo si quisieras que hiciera
un taller "en vivo" en tu área.

→ **BigAlSeminars.com** ←

¡OBSEQUIO GRATIS!

¡Descarga ya tu libro gratuito!

Perfecto para nuevos distribuidores. Perfecto para
distribuidores actuales que quieren aprender más.

→ **BigAlBooks.com/freespanish** ←

Otros geniales libros de Big Al están disponibles en:

→ **BigAlBooks.com/spanish** ←

PREFACIO

Escuchamos el discurso motivacional del gran líder: -Comencé lento, pero con el tiempo, aprendí qué decir y qué hacer, y luego el negocio creció rápido.-

Bien, eso tiene sentido. Cuando aprendemos a hacer las cosas mejor y luego más rápido, nuestro negocio crece exitosamente.

¿Pero por qué no aprender a hacer nuestro negocio mejor y más rápido ahora?

¿Por qué esperar?

Este no es momento para ser pacientes y mostrar persistencia sin fin. Queremos acción y crecimiento en nuestro negocio ahora. ¿Por qué no hacer las cosas que provocarán que nuestro negocio crezca inmediatamente?

Este libro nos muestra atajos de alta calidad y técnicas que hacen que nuestro negocio crezca rápido... ahora. Hablaremos sobre qué decir no sólo a nuestros prospectos, sino qué decirnos a nosotros mismos. Sí, a menudo los programas dentro de nuestra mente nos frenan cuando comenzamos.

Si somos nuevos, o incluso experimentados profesionales en redes de mercadeo, estas técnicas pueden hacernos mejores ahora.

Comencemos.

BREVE ES MEJOR QUE LARGO.

Cuando hablamos con nuestros prospectos, aquí está una regla fácil de recordar. "Breve es mejor que largo."

¿Quieres pruebas?

¿Qué sucedería si preguntáramos a 100 personas al azar, "¿Quieres escuchar una historia corta, o una historia larga?"

¿Qué piensas que responderían las personas? Casi el 100% de estos desconocidos al azar dirían, "Por favor dame la historia corta."

¿Por qué ocurre esto? Debido a que las personas se sienten presionadas por el tiempo. Tienen trabajos, notificaciones que responder, shows de televisión que ver, hijos, pasatiempos, relaciones, y demás. Toman decisiones instantáneas de dónde quieren invertir su tiempo limitado. Y quieren que seamos rápidos.

Cuando nos reunimos con alguien, amigo o desconocido, todos piensan lo mismo.

- "¿Esto será interesante?" Si será interesante, pueden pasar unos segundos o minutos de su tiempo escuchándonos.

- "Ve al punto." Han decidido pasar algo de su precioso tiempo con nosotros. ¡No quieren que lo desperdiciemos!

Bastante brutal. Pero, esta es la realidad. Las personas no tienen tiempo para todas nuestras ideas y planes. Ellos sólo tienen tiempo para ellos mismos. Y ni si quiera tienen tiempo suficiente para ellos, así que sienten un estrés constante.

¿Quieres más pruebas? Intenta esto.

Imagina que estamos en una llamada telefónica con un desconocido que dice, "Sólo necesito 30 minutos de tu tiempo."

¿Qué es lo que pensamos? "¡¿Estás loco?! Tengo una larga lista de decisiones en las que estoy trabajando ahora mismo. No tengo tiempo de escuchar tu guión de ventas. No sé ni de qué se trata. No puedo darme el lujo de desperdiciar nada de mi valioso tiempo contigo. ¡¿30 minutos?! ¿Estás mal de la cabeza? No puedo ni pasar cinco minutos al teléfono para escucharte a ti ni a tu guión de ventas."

Esto explica por qué es difícil conseguir citas no sólo con extraños, sino también con amistades.

¿Quieres más pruebas? Intenta esto.

Imagina que estamos hablando con un vendedor. Hacemos una simple pregunta. La respuesta del vendedor sigue y sigue. El vendedor ama hablar sobre su compañía y sus beneficios especiales. Ahora estamos aburridos. Estamos molestos. Esto está tomando demasiado tiempo. Nuestra lista de cosas por hacer está creciendo.

¿Sentiste eso? Sí, sólo queremos una respuesta súper breve a nuestras preguntas cuando lidiamos con vendedores.

¿En resumen?

Hay una "manera larga" de hablar con personas que no funciona.

Hay una "manera breve" de hablar con personas que sí funciona.

Si queremos construir nuestro negocio rápido y tener inercia, aquí está nuestro plan.

#1. Hablar con personas... pero hacerlo rápidamente. A los prospectos les fascina esto. Esto nos ahorra tiempo también. Si queremos construir nuestro negocio rápido, no podemos desperdiciar horas con un solo prospecto. Debemos de clasificar a nuestros prospectos pronto.

#2. Asegurarnos de que nuestras limitadas palabras cuentan. Sí, debemos usar secuencias hábiles de palabras. La diarrea verbal al azar y las conversaciones sin sentido son para los amateurs. Los profesionales utilizan palabras mágicas, frases pegajosas, palabras visuales y técnicas de cierre inmediato.

¿Quieres ver la diferencia que esto hace?

Vamos a saltar al siguiente capítulo. Queremos ejemplos palabra-por-palabra de la diferencia entre las palabras de los profesionales y la diarrea verbal de los amateurs.

MEJORES PALABRAS, MÁS BREVES.

En lugar de hablar sobre teorías, vamos a usar algunos ejemplos de la vida real. Luego podremos decidir si queremos continuar con cháchara al azar, o hablar como profesionales.

Aquí tienes algunos ejemplos.

Productos de dieta.

Nuestro prospecto con sobrepeso es típico. Quiere demorar indefinidamente al tomar la decisión. No es algo bueno para nosotros, si queremos construir rápido. Nuestros prospectos tienen programas de dilación. ¿Programas de dilación?

Sí. Nuestros prospectos han tomado malas decisiones en el pasado. Cuando tomaron esas malas decisiones, sus mentes subconscientes pensaron sobre esas decisiones una y otra vez. Esto es doloroso. Así que la mente subconsciente crea un programa que dice, "Nunca más vuelvas a tomar otra decisión, jamás. Puede resultar en algo malo. Y nos sentiremos mal otra vez."

¡Auch!

Si ya hemos aprendido nuestras habilidades de cierres instantáneos, sabemos cómo manejar esto. Pero si somos nuevos, no sabemos qué hacer.

Nuestro prospecto con sobrepeso se queja, "Eso es mucho dinero. Necesito pensarlo más. Necesito investigar el índice glicémico de cada uno de tus productos..." etc, etc...

¿Cuál sería la respuesta de un amateur?

"Bueno, te puedo asegurar que nuestros índices glicémicos son bajos. Además, tenemos como 1,000 testimonios aquí en la ciudad. Nuestros científicos le pueden dar una paliza a cualquier otro científico. Como usamos ingredientes naturales, la potencia de nuestros productos excede los estándares de la industria. Al seguir nuestro plan de dieta con pocos carbohidratos y ejercicios incluídos, podrás lograr resultados consistentes..."

Nuestra respuesta sólo se pone peor y peor. Pero entendemos el punto. Esto es lo que los amateurs hacen. No sabemos nada mejor cuando apenas comenzamos.

¿Y qué dicen los profesionales?

Los profesionales no pueden darse el lujo de perder tiempo en las ramas con estos asuntos. Estos asuntos no mueven a nuestros prospectos hacia una decisión. En lugar de eso, debemos de concentrarnos en el punto central y en el resultado. Aquí está lo que los profesionales podrían decir que es más breve y más efectivo.

"Todas las dietas, toda la hambruna, todas tus membresías en el gimnasio, todos tus productos de dieta, y todo tu ejercicio te han dado el cuerpo que miras en el espejo. ¿Estaría bien probar algo que sí funciona?"

¡Ka-ching!

Hecho.

En sólo dos frases, llegamos al asunto central y a la decisión.

No desperdiciamos el tiempo de nuestros prospectos con asuntos pequeños y retrasos. Nosotros vamos al punto. Y nuestros prospectos aprecian eso. De hecho, ¡les fascina!

En este momento nuestros prospectos tienen una decisión que tomar. En este ejemplo su decisión es, "¿Quiero continuar haciendo dietas por el resto de mi vida y terminar viéndome como me veo ahora? O, ¿necesito probar algo que sí funciona?"

Listo.

Servicios de electricidad.

Nuestro prospecto se resiste y dice, "No quiero cambiar mi electricidad. El monopolio actual siempre ha sido bueno conmigo. Y sí, podría ahorrar un poco más de dinero, pero quiero mantener mi electricidad como está."

¿Cómo responden los amateur?

"Oh, pero, es seguro cambiar la electricidad. Somos buenas personas. Podemos ayudarte a ahorrar dinero y nuestro servicio al cliente es mejor. La Carta de Reforma de 1993 garantiza que siempre puedes hacer el cambio de regreso. Muchas personas se cambiaron a nuestro servicio últimamente y están contentos. Déjame mostrarte una tabla que muestra cuánto podrías ahorrar…" etc, etc…

El distribuidor amateur sigue y sigue con más beneficios, más pruebas, y más testimonios. El tiempo que invierte produce pocos o ningún resultado.

¿Y qué dicen los profesionales?

Los profesionales respetan las inseguridades de sus prospectos. Respetan que sus prospectos tienen programas negativos sobre el cambio. En lugar de discutir sobre estos asuntos, los profesionales reconfortan al prospecto. Ellos re-formulan la oferta a sus prospectos de una manera que no es atemorizante, y luego van al grano.

¿Cómo sonaría eso?

"No cambies tu electricidad. Eso sería absurdo. En lugar de eso, simplemente deja que te enviemos una factura más baja."

Ahora el prospecto no teme que alguien arruine su electricidad. ¿Quién sabe cuáles podrían ser sus miedos? ¿Tal vez pensó que alguien drenaría la vieja electricidad de su casa, y luego la reemplazaría con voltaje más bajo? ¿Tal vez si hay una tormenta, su electricidad no regresaría rápido?

Estos miedos ahora se han ido. Él no tiene que cambiar su proveedor de electricidad. Todo lo que debe de hacer es recibir una factura más baja cada mes.

Tres simples frases breves. Los profesionales entienden los miedos de los prospectos y proveen una solución segura. En menos de diez segundos, el problema se ha resuelto.

Vitaminas y nutrición.

Nuestros prospectos se quejan, "todas esas vitaminas y comidas saludables van a salir muy caras. No queremos gastar tanto dinero. Si tomamos todo lo que necesitamos para nuestra salud, eso costaría más de $150 al mes.

¿Cómo responden los amateurs?

"Pero estas son las mejores vitaminas del mundo. Tener estos antioxidantes extra te ayuda a reforzar tu sistema inmune. Y todo es orgánico. Seguro que es caro, pero todo es natural, sin aditivo. Tengo 13 reportes de investigación que comparan nuestras vitaminas contra las vitaminas de nuestra competencia. Además, tenemos una historia de 20 años de calidad en fabricación. Tú necesitas éstas vitaminas, ¿Podrías comprarme unas?"

Ya podemos ver que esto tendrá un mal desenlace.

¿Y qué dicen los profesionales?

"Puedes ahorrar mucho dinero en tus vitaminas y productos de salud… muriendo pronto."

Bueno, un poco exagerado. Sólo ilustrando que debemos de ir al punto ahora. No podemos entrar en discusiones ni jiu-jitsu mental con nuestros prospectos. Queremos que nuestros prospectos escuchen nuestra oferta fuerte y claro. Entonces, nuestros prospectos podrán decidir si nuestra oferta les funciona o no. Es todo lo que pedimos.

No estamos a cargo de las decisiones de nuestros prospectos. Ellos están a cargo. Pero sí estamos a cargo de ser directos y claros para que nuestros prospectos escuchen y comprendan lo que estamos ofreciendo.

Cuidado para el cutis y maquillaje.

Nuestro prospecto resiste y nos dice, "Oh, estoy bien con lo que sea que encuentre en la tienda de remates. Algunas veces el producto cayó al piso, está roto y sólo tiene un poco de bacterias que puedo raspar de la parte de arriba. Ahorro mucho dinero de esa manera. ¿Y los polvos y combinaciones de colores? Bueno, hago muchos experimentos. A veces encuentro rebajas en el mercado de pulgas local. Pienso que me veo bien la mayoría del tiempo. Ocasionalmente alguien me dice que luzco como que me gradué de la escuela de maquillaje para payasos. Pero, no pasa muy seguido."

¿Cómo responden los amateurs?

"Una ex-estrella de cine que fue medio famosa recomienda nuestra línea de maquillaje. Así que eso te dice que tiene que ser buena. Con más de 16,000 colores y sombras para escoger, yo sé que puedo encontrar los colores que combinen contigo. ¿Nuestra crema anti-edad? Seguro, hay otros productos anti-edad allá afuera, pero el nuestro te hará ver 20 años más joven. Por supuesto eso significa que las adolescentes no la pueden usar. ¿Quieres comprar?"

Esto podría sonar bien, pero nuestro prospecto no está convencido.

¿Y qué dicen los profesionales?

"Sí, nuestro look coordinado te ahorrará tiempo en las mañanas. Pero esa no es la razón por la que deberías de comprar. Tu rostro es tu mejor primera impresión. Sólo tienes una oportunidad. Te ayudaremos a lucir genial en cada ocasión."

Los profesionales no tienen que manejar cada pequeña objeción que los prospectos tengan. Ellos se concentran en la imagen completa. Los profesionales hacen que los prospectos olviden sus pequeños asuntos y se enfoquen en una decisión de "sí" o "no."

Club de vacaciones.

Nuestro prospecto dice, "¿A qué te dedicas?"

Los amateur responden, "Somos una cooperativa de viajes conectada a compañías de viajes que tiene contratos de grandes descuentos con la mayoría de los proveedores. Tenemos lazos garantizados con la IATA y el departamento de licencias del gobierno, así que tus depósitos están seguros con nosotros. Nuestro equipo ejecutivo tiene 151 años de experiencia en viajes. Ganamos un premio hace dos años. Por el poder de compra de nuestro grupo, podemos proveerte precios bajos en tus próximas vacaciones en crucero. Te puedo enviar el enlace para que mires el video de nuestra empresa."

Nuestro prospecto está pensando, "Me equivoqué. Pedí una presentación de ventas."

¿Y qué dicen los profesionales?

Profesional: "¿Tomas vacaciones con tu familia cada año?"

Prospecto: "Sí. Por supuesto. Siempre estamos esperando la fecha."

Profesional: "Las memorias familiares son importantes. Queremos tomar las vacaciones más memorables que podamos. Pero por supuesto, debemos de ser conscientes de nuestro presupuesto."

Prospecto: "Sí, las vacaciones memorables y de lujo son muy caras. Pero seguramente es mejor que quedarme en el departamento de mi suegra por dos semanas con sus 42 gatos."

Profesional: "Cuando tomas vacaciones memorables de lujo, ¿te gustaría gastar mucho menos?"

Prospecto: "Me encantaría."

Profesional: "Podemos encargarnos de eso."

Listo.

Breve y al punto.

Nuestra oportunidad de negocio.

Nuestro compañero de oficina pregunta, "¿Y qué hay de nuevo contigo?"

Los amateurs responden, "Entré a una oportunidad que apenas está despegando, es la compañía con más rápido crecimiento de toda la historia. Están rompiendo récords mientras hablamos. Puedes ganar un ingreso de seis cifras por que estamos entrando en la etapa del *momentum*. El fundador de la compañía camina sobre el agua congelada, sacó notas excelentes en la escuela, y su ciudad lo nombró como el ejecutivo más prometedor del área. No hay nada como esto. No tenemos competencia. Todos tus amigos querrán unirse. Ven a escuchar nuestra presentación de la oportunidad de negocio hoy en la noche."

Compañero: "¿Y cómo se llama la compañía?"

Amateur: "No puedo decirte. Podrías buscar en Internet y tener prejuicios."

Compañero: "Bueno, ¿y qué venden?"

Amateur: "No lo puedo decir ahora. Tienes que escuchar la historia entera de una sentada."

Compañero: "¿Tengo que estar vendiendo?"

Amateur: "Quizá."

Compañero: "¿Me podrías decir un poco más, antes de invertir mi tiempo?"

Amateur: "No. No puedo hacer eso. Es algo visual. Tienes que verlo por ti mismo."

Compañero: "Bueno, entonces, ¿qué **sí** puedes decirme?"

Amateur: "Que las personas negativas como tú son las que nunca sacan ventaja de las oportunidades cuando se les presentan. ¿Vas a acompañarme y escuchar la presentación esta noche, o no?"

¿Y qué dicen los profesionales?

Compañero: "¿Y qué hay de nuevo contigo?"

Profesional: "Decidí que no quiero trabajar en esta oficina por el resto de mi vida. Planeo hacer algo al respecto."

Compañero: "Eso es interesante. No creo que quiero seguir estancado aquí en este empleo por el resto de mi vida tampoco."

Profesional: "No me gusta tomar riesgos, así que comencé mi propio negocio en mis medios tiempos. Quiero estar seguro de que tiene éxito antes de renunciar a mi trabajo aquí."

Compañero: "Buena idea. Los dos tenemos familias. ¿Es algo que piensas que puedo hacer también?"

Profesional: "Estaría divertido construir nuestros negocios juntos. Así nuestras familias podrían ir de vacaciones juntas. ¿Por qué no le das un vistazo a este negocio conmigo hoy en la noche? Así tendrías por lo menos una opción más en el futuro."

Compañero: "Sí, seguro. ¿A qué hora?"

Misma oportunidad.

Dos maneras diferentes de hablar con los prospectos.

La mayoría de los prospectos son neutrales… hasta que nos conocen. Nuestras conversaciones pueden convertir prospectos neutrales en prospectos geniales, o prospectos deplorables.

DI LAS PALABRAS CORRECTAS.

El nuevo distribuidor dice: –Hablamos con nuestro mercado caliente, amistades y familia. Todos dijeron que "no." ¿Ahora qué?–

¿La respuesta? Si nuestra familia y amigos detestaron lo que dijimos, a los desconocidos no les va a gustar lo que decimos tampoco. Encontrar nuevos prospectos para arruinar no solucionará el problema.

Ahora, eso es frío.

A menudo la honestidad brutal es lo que necesitamos para provocar nuestro cambio. Si todos nos dicen "no," entonces debemos de cambiar lo que decimos.

Muchas ocasiones, los prospectos no dicen "no" a nuestra oportunidad. En lugar de eso, dicen "no" a cómo describimos nuestra oportunidad.

¿Qué ocurre cuando continuamos describiendo pobremente nuestra oportunidad? Bien, construimos persistencia y carácter, pero no más que eso. Desafortunadamente, no nos pagan comisiones por nuestras cualidades de persistencia y carácter. Nos pagan comisiones por construir un equipo que vende productos y servicios cada mes.

Mi experiencia.

Cuando comencé mi carrera en redes de mercadeo, estaba en llamas. Aquí estaba mi oportunidad de construir un ingreso enorme para mi familia. ¿Qué fue lo que hice? Hice exactamente lo que me dijeron que hiciera. ¡Hablé con mucha gente!

Durante el siguiente año y 10 meses, hablé con más de 1,000 personas sobre mi negocio. Y al finalizar ese año y 10 meses, no tenía distribuidores ni clientes de productos. Todo lo demás iba bien. Sabía las mejores rutas para llegar a las reuniones. Tenía los entrenamientos memorizados. Mi actitud era de lo mejor. Pero nadie se unía.

¿Por qué no se unían los prospectos?

Bueno, la economía estaba golpeada en mi ciudad, el clima era miserable, no había apoyo de líderes cercanos. Además, los productos eran bastante caros, la gente estaba ocupada, y gracias a una anomalía estadística, me reuní con 1,000 personas desmotivadas, una tras otra, que no querían nada más para sus vidas.

¿De verdad? ¿Eso era el problema?

Por supuesto que no. El problema era yo. Yo estuve en la "escena del crimen" en cada ocasión. En cada presentación, ahí estaba yo, diciendo las palabras equivocadas. Las palabras que estaba eligiendo no motivaban a los prospectos a ingresar.

Siempre pensé que escuchaba el consejo de mi patrocinador claramente. Pensaba que había dicho, "Ve y habla con personas." Pero recordando bien, quizá dijo, "Ve y habla con personas… correctamente."

Decir las palabras correctas es una habilidad primordial en nuestro negocio. La diarrea oral al azar y el vómito verbal puede mantenernos ocupados, pero no tendremos resultados para demostrarlo.

Aquí está cómo aprendí la lección. Después de un año y 10 meses, tenía que encontrar la solución. Después de escuchar todas mis excusas de por qué las personas no se unieron, alguien tuvo esta conversación conmigo:

Alguien más listo que yo: –Y dime, ¿hay otras personas exitosas en tu área?–

Yo: –Sí. Y no es justo. Ellos sólo trabajan un poco y pueden construir un equipo. Yo trabajo más duro y no tengo resultados.–

Alguien más listo que yo: –Estas personas que tienen más éxito, ¿tienen el mismo clima que tú? ¿El mismo plan de compensación? ¿Misma compañía? ¿Misma economía?–

Yo: –Sí.–

Alguien más listo que yo: –La única diferencia entre tú y las personas exitosas en tu negocio es una cosa. Ellos dicen mejores palabras. Cuando ellos están frente al mismo prospecto, ellos usan diferentes palabras que tú. Averigua cuáles son.–

El cambio.

De inmediato comencé a escuchar lo que las personas exitosas decían. Ellos usaban palabras diferentes y frases diferentes. Pasaban más tiempo hablando sobre los problemas de sus prospectos.

Yo había pasado todo mi tiempo hablando sobre las características de mi compañía y los beneficios. Yo era aburrido.

A los prospectos les encanta escuchar a las personas exitosas. ¿Por qué? Debido a que las conversaciones de las personas exitosas se tratan de ellos, de los prospectos.

¿Qué ocurrió cuando cambié mis palabras? Magia.

Los prospectos comenzaron a sonreír cuando hablaba. Dejé de hablar de las características y beneficios de mi compañía. Los prospectos no sentían que les quería vender. Cuando comencé a escuchar los problemas de mis prospectos, ellos sintieron que me importaban. Construimos una afinidad más fuerte.

¿El resultado?

Después de un año y 10 meses de fracasar totalmente, sólo tomó 60 días reemplazar mi ingreso de tiempo completo. Sí, después de 60 días caminé en la oficina de mi jefe y dije: –Ya no puedo tenerte en mi agenda.–

Ahora, esto es interesante. No hablé con ninguna persona nueva. Simplemente regresé con las personas que originalmente habían dicho "no." Al describir mi negocio de nuevo usando palabras diferentes, estos mismos prospectos dijeron, "Seguro. Queremos ingresar."

Así es como aprendí la lección de que las personas no nos rechazan. No rechazan nuestra compañía o productos.

¿Qué sucede realmente?

Rechazan el cómo presentamos nuestro negocio. Al cambiar nuestras palabras, nuestro mensaje es entendido por más personas.

En resumen.

Nuestros prospectos reaccionan ante las palabras que decimos. Aquí está un ejemplo.

Podríamos decir a un prospecto, "Tienes un empleo estúpido. Tienes que entrar en mi negocio de redes de mercadeo."

O, podríamos decir al mismo prospecto, "¿Estaría bien si tuvieses una opción más de dinero cada mes?"

¿Cuál juego de palabras tendrá una mejor recepción? La respuesta es obvia.

Así que si todos nos están diciendo "no" cuando les presentamos, entonces debemos mirarnos a nosotros mismos. Somos el denominador común en cada presentación. Las buenas noticias son que podemos cambiar lo que decimos y obtendremos resultados diferentes.

Decir mejores palabras está 100% bajo nuestro control.

PRIMERO VAMOS A ACOMODAR NUESTRA MENTE.

Como ya vimos en el capítulo anterior, mejores palabras hacen la diferencia. ¿Para comenzar rápido? Palabras breves y directas funcionan mejor.

Pero veamos un asunto antes de continuar. ¿Qué es lo que hay dentro de nuestras cabezas?

Muchas ocasiones, nuestros programas internos nos frenan al actuar. Tenemos miedo de aproximarnos con las personas o nos sentimos como un vendedor que quiere sacar ventaja. Incluso con las mejores habilidades del mundo, si dudamos al hablar con las personas, no podemos comenzar rápidamente.

Si podemos solucionar este asunto dentro de nuestras mentes, entonces sabremos cómo solucionarlo para los nuevos miembros de nuestro equipo.

Por supuesto que podemos reprogramar nuestras mentes después de meses y años de desarrollo personal. Sin embargo, para comenzar rápidamente, no tenemos esa opción.

No podemos albergar voces negativas en nuestra cabeza que dicen, "Oh, esas personas no estarán interesadas. Se podrían ofender por que nos aproximamos con ellas. Podrían rechazarnos."

Para construir rápidamente nuestro negocio, debemos remover estas voces negativas y programas de nuestra cabeza.

Hagámoslo ahora.

"PERO NO QUIERO SER VENDEDOR."

La mayoría de los nuevos distribuidores tienen este pensamiento. Este punto de vista nos detiene antes de contactar amistades, compañeros de trabajo, y parientes. Hacer una llamada es difícil. Tenemos miedo de aproximarnos con prospectos potenciales.

¿Por qué no queremos ser vendedores?

Hay varias razones.

1. No queremos acosar a nuestra familia y amigos para que compren cosas.

2. No queremos que nuestros amigos digan, "Estás usando nuestra amistad sólo para poder ganar dinero conmigo."

3. Detestamos pedir favores de las personas. Eso se siente incómodo.

4. Los vendedores reciben rechazos. Eso duele.

¿Cómo obtenemos esos sentimientos?

Quizá vimos una película sobre un agresivo vendedor que presionaba con soluciones a los prospectos sin interés.

Este vendedor usaba técnicas de cierre detestables que harían sonrojar a un estafador. Bueno, nadie quiere ser como él.

Todos odiamos ser rechazados. Cuando los prospectos nos dicen "no," sentimos que el rechazo es personal.

No podemos dejar que este punto de vista permanezca en nuestra cabeza.

Este punto de vista nos paralizará. Si no hablamos con prospectos, no tendremos negocio.

¿Cómo detenemos estos pensamientos deprimentes dentro de nuestra mente?

Discutir contra nuestra mente subconsciente no funcionará. Imagina decirnos a nosotros mismos, "Esto es estúpido. Sólo los perdedores tienen miedo a las ventas. Déjame recitar unas pocas afirmaciones positivas más. Mi póster de visión me está enviando vibras positivas. Sólo las personas débiles tienen estos miedos."

Eso es lo que querríamos que nuestra mente pensara, pero es un largo camino a nuestros sentimientos actuales. Queremos ser lógicos, pero las emociones destrozan la lógica cualquier día.

Otro guión lógico que podríamos decirnos es, "Todo mundo es un vendedor. Le vendí al jefe la idea de contratarme para mi puesto. ¿Cómo es que salí y tuve citas? ¿O me casé? ¡Yo vendo todos los días!"

Suena bien, pero de nuevo, los sentimientos de nuestra mente subconsciente tienen un agarre firme. En lugar de discutir contra nuestra mente subconsciente, vamos a crear una nueva creencia para reemplazar nuestro miedo a las ventas.

¡Opciones!

Aquí está el mensaje que nos podemos decir para reemplazar nuestro miedo a las ventas. Decimos, "No vendas. Todo lo que hacemos es ofrecerle a los prospectos una opción más en sus vidas."

Ahora, ¿no es eso lo que realmente hacemos?

Los prospectos tienen la opción de continuar con sus vidas como están. Los prospectos no tienen que escucharnos o tomar nuestras soluciones. Todo lo que hacemos es ofrecer una opción más. Cuando miramos nuestro negocio desde este punto de vista, no nos sentimos como un vendedor.

Así que, nada de ventas, nada de hostigar, nada de presionar, nada de pedir favores.

La mayoría de los prospectos le dan la bienvenida a la oportunidad de tener una opción más en sus vidas. Aquí hay un ejemplo.

Si algunos de nuestros prospectos se sienten cansados, podríamos ofrecer una taza de café. Ahora, ellos tienen una opción más de resolver su problema. No les vendimos la taza de café, no les decimos dónde cosecharon los granos de café. Les hacemos saber que un café les podría ayudar.

No estaríamos atados emocionalmente al resultado. Nuestros prospectos pueden elegir la taza de café, o no. Si nuestros prospectos no quieren el café, no saltamos desde un precipicio.

Aquí hay otro ejemplo.

Llevamos a nuestra familia al restaurante para cenar. Dos aperitivos, pan extra y una entrada masiva. Estamos tan llenos que no podemos ni respirar. Al final de la cena nuestra camarera pregunta: –¿Les gustaría ordenar un postre?–

Nosotros sonreímos y contestamos: –No, gracias. No esta noche.–

¿Nuestra camarera se frustra por que no queremos el postre?

¿Se queja con el gerente por que nadie quiere pedir postre?

¿Renuncia por completo a su carrera como camarera por que es imposible vender postre?

¿Se cuestiona si el precio del postre es muy alto, a pesar de que no lo preguntamos?

No. Ella nos ofreció una opción de comer postre, y no la tomamos.

No hay drama. No hay estrés. El mundo sigue rodando.

Veamos la realidad.

Nuestros encuentros con prospectos no son situaciones de ganar-perder, ni de vida o muerte. En lugar de eso, nosotros amablemente le damos a los prospectos una opción más para sus vidas.

Cuando nos aproximamos con prospectos con este punto de vista, no hay más rechazo. No más miedo. No más sentimientos de vendedor engañoso. En lugar de eso, nos sentimos obligados a hablar con nuestros prospectos. No queremos sentirnos como que estamos ocultando opciones de sus vidas.

Piensa en nuestras familias y amistades. Algunos podrían querer un ingreso extra en sus vidas, algunos no. Nosotros no deberíamos tomar decisiones por ellos.

Les notificamos que existe una opción de ingresos extras. Si desean saber más, pueden tener una conversación con nosotros. Y si no quieren saber más, todo permanecerá igual en sus vidas.

Esta creencia hace fácil aproximarnos con las personas.

¿Quieres algunos ejemplos? Nuestra nueva creencia de agregar una opción más dentro de la vida de las otras personas podría sonar como esto. Con nuestro cuñado, podríamos decir:

"Yo sé que detestas tu trabajo tanto como yo. Hoy en la noche, habrá una reunión de negocio sobre cómo iniciar tu propio negocio de medio tiempo. Ven conmigo. Por lo menos tendrás una opción más para considerar, en lugar de trabajar en el empleo que no te gusta por el resto de tu vida."

O, podríamos decir esto:

"Ni tú ni yo queremos trabajar en nuestro empleo por el resto de nuestras vidas. Mi amigo, John, tiene un plan de escape. Vamos a tomar un café con John, lo escuchamos explicar su plan de escape, y por lo menos tendremos una opción más para considerar en lugar de sufrir en nuestros trabajos hasta cumplir 70."

O, podríamos decir esto:

"Hey Tío Joe. Comencé mi propio negocio de medio tiempo el mes pasado. Déjame contarte todo en una comida la próxima semana. Podría ser una opción que ayude a jubilarte antes."

Con estos acercamientos, nuestras invitaciones no espantarán a nuestros prospectos. No gritamos, "¡Compra! ¡Entra!" Simplemente agregamos una opción más a las vidas de nuestros prospectos.

Reforzando esta nueva creencia.

Podemos continuar nuestra conversación con nosotros mismos al agregar esta frase:

"Nuestros prospectos pueden tomar nuestra opción hoy, mañana, algún día en el futuro, o nunca."

Esto le dice a nuestras mentes subconscientes que está bien que nuestros prospectos tomen nuestra opción inmediatamente. Está bien que nuestros prospectos **no** digan "sí" a nuestra opción.

Cuando no es el momento correcto para un prospecto, no tomaremos esto como un rechazo personal. No sabemos qué es lo que está influenciando las decisiones de ese prospecto.

Nuestra opción podría nunca ser la solución adecuada para un prospecto en particular. Así que, si este prospecto nunca toma nuestra opción, no es un rechazo personal.

Nuestra opción nunca será una solución 100% para el 100% de nuestros prospectos el 100% de las veces.

Una frase más para agregar un poco de coraje.

Continuamos diciéndonos, "Y a los prospectos les encanta tener opciones extra en sus vidas."

Esto es verdad, ¿no es así? Todo mundo ama tener más opciones de dónde elegir. No iríamos a un restaurante donde sólo tienen un platillo en el menú. Nos encantan las opciones.

Queremos que nuestra mentalidad sea, "Los prospectos me amarán por darles opciones extras. Me siento bien al hablar con nuevos prospectos."

Vamos a ponerlo todo junto.

El guión completo de la conversación con nosotros mismos dice así:

"No vendas. Todo lo que hacemos es ofrecerle a los prospectos una opción más en sus vidas. Nuestros prospectos pueden tomar nuestra opción hoy, mañana, algún día en el futuro, o nunca. Y a los prospectos les encanta tener opciones extras en sus vidas."

No podemos salir adelante rápidamente si el miedo nos paraliza al hacer nuevos contactos. Vamos a usar este guión para reprogramar nuestra mente subconsciente. Le estamos ofreciendo una opción más a nuestros prospectos.

¿TE SIENTES MEJOR AL HABLAR CON PROSPECTOS?

Genial. Ahora vamos a regresar a usar lenguaje profesional, directo, para construir rápido.

La mayoría de los retos en nuestro negocio son recurrentes. Estos retos no se irán. Los enfrentaremos por el resto de nuestras carreras… a menos que los solucionemos ahora. No queremos ser distribuidores amateur que pasan todo el tiempo peleando contra estos retos.

¿Algunos ejemplos?

Estoy seguro que todos hemos escuchado, "Los productos son muy caros."

¿Lo escucharemos de nuevo? Sí. Ahora, si no sabemos cómo responder a esta objeción, este reto nos perseguirá por el resto de nuestras carreras. Secretamente tenemos la esperanza de que nuestros prospectos no lo mencionen. ¿Por qué no resolver este reto ahora?

De nuevo, estoy seguro que todos hemos escuchado, "No tengo dinero para entrar."

¿Lo escucharemos de nuevo? Sí. Si no aprendemos qué decir, lucharemos cada ocasión que nuestros prospectos digan esto. ¿Por qué no solucionarlo ahora?

¿Quieres más ejemplos?

Qué hay de esto:

"No tengo prospectos."

"No sé a quién llamar."

"No sé qué decir para conseguir citas."

Y la lista continúa.

Todos los prospectos tienen estas objeciones hasta que aprendemos cómo presentar nuestro negocio adecuadamente.

Así que no busques prospectos que no tengan estas objeciones. Todos los prospectos tienen estas objeciones. En lugar de eso, deberíamos aprender cómo presentar nuestro negocio para encargarnos de manejar estas objeciones.

Como profesionales, queremos aprender cómo manejar estos retos ahora, para nunca batallar con ellos en el futuro.

Vamos a atacar los más comunes ahora.

"¡ES MUY CARO!"

Queremos hablar primero con nuestros mejores prospectos, pero tenemos miedo de esta objeción:

"Oh, tus productos son muy caros. Es mucho dinero. Puedo comprar un producto de la competencia por menos."

Si cargamos con este miedo en nuestra cabeza, ¿qué sucede? Evitaremos hablar con prospectos. Y si recibimos esta objeción y la manejamos mal, este miedo se incrementa en nuestra mente.

Ahora, lógicamente podríamos decir esto con nuestros prospectos,

"Nuestros productos son de alta calidad. Hay un viejo dicho, recibes lo que pagas. Tenemos investigaciones. Nuestros científicos pueden apalear a tus científicos. No puedes confiar en lo que compras con la competencia. Puedes confiar en nosotros. Tenemos una fórmula propia. Nuestro producto tiene marca registrada, patentes, derechos de autor y ganó una vez un premio. Tenemos 223 testimonios en nuestra página web."

Bastante mediocre, ¿verdad? Deberíamos de hacerlo mejor. Solucionemos esta objeción no sólo cuando hablamos con prospectos, sino también dentro de nuestra cabeza.

Paso #1. Estar de acuerdo con la objeción.

¿La primer regla al manejar objeciones? Debemos de estar de acuerdo con ellas. Si no entramos en acuerdo con nuestros prospectos, perdemos.

Por ejemplo, nuestro prospecto dice, "Tu producto es muy caro." Podríamos responder diciendo, "Oh, por que eres un perdedor. Esto es muy poco dinero. Estás equivocado. No entiendes el valor."

Mal resultado.

Bueno, eso estuvo exagerado, pero decirle a nuestro prospecto que él o ella está equivocado asesina nuestras oportunidades por completo.

Si entramos en desacuerdo con nuestro prospecto, ¿en qué pensará nuestro prospecto? Nuestro prospecto pensará, "No tengo más razones para respaldar mi lado de la discusión."

La mente humana sólo puede pensar en una cosa a la vez. ¡Eso significa que nuestro prospecto no nos está escuchando!

Entre más hablamos, más nuestro prospecto piensa en cosas nuevas qué decir para respaldar su posición.

Espera, si estamos hablando, y la otra persona no escucha mientras piensa en qué decir después… bueno, no nos está poniendo atención. Estamos diciendo todas las buenas razones para respaldar nuestro punto de vista, y nadie está escuchando. Nuestro prospecto sólo está esperando que nos callemos para que pueda seguir hablando más. Perdimos.

Además, entrar en desacuerdos es de pocos modales.

Muestra que no tenemos empatía con la situación actual o las experiencias de vida de nuestros prospectos. No sabemos qué le ocurrió a nuestros prospectos antes en su día. No sabemos cuales experiencias han tenido nuestros prospectos con productos similares. Nosotros descalificamos por completo sus experiencias y eso se interpreta como ofensivo.

Bien, si no podemos entrar en desacuerdo con nuestros prospectos, ¿qué otra opción tenemos?

Estar de acuerdo.

La empatía es entender las cosas desde el punto de vista de nuestros prospectos. Nuestros prospectos creen que nuestro precio es muy alto y el valor de nuestro producto es muy bajo.

Si podemos responder esta objeción para nuestros prospectos, entonces eliminaremos el miedo en nuestras mentes que nos detiene al hablar con la gente.

Así que vamos a crear un segundo mini-guión que resuelve la objeción del precio para nuestros prospectos.

¿Diez segundos?

Sí, diez segundos es todo el tiempo que tenemos.

Está bien. Eso no nos da mucho tiempo. Pero somos personas tan interesantes, por lo menos tendríamos diez segundos, ¿correcto?

¿Qué es lo que deberíamos lograr durante estos diez segundos?

Primero, debemos de justificar el valor de nuestros productos en la mente de nuestros prospectos. Actualmente, nuestro prospecto no cree que nuestro producto vale tanto. No podemos discutir contra esto lógicamente. Debemos de ordenarle a la mente de nuestros prospectos que crea instantáneamente en el valor de nuestro producto.

Segundo, queremos evitar que nuestro prospecto vaya a comprar productos de la competencia que pueden no ser igual de buenos. No queremos que nuestros prospectos tengan experiencias inferiores con productos baratos.

Afortunadamente, diez segundos es bastante tiempo para un profesional. Podemos manejar estos dos puntos rápidamente y tener tiempo de sobra.

¿Entonces qué deberíamos decir?

Cuando nuestro prospecto nos dice que nuestro producto es demasiado caro, responderemos:

"Sí, es caro. La compañía quizo hacer una versión más barata, pero sabían que no funcionaba. Y, no quieren estafarte."

Esta es una respuesta fácil de memorizar. Y sólo toma unos pocos segundos.

Veamos lo que logran estas palabras.

"Sí, es caro." Estamos de acuerdo con nuestro prospecto. Nuestro prospecto no tiene tiempo de pensar en más argumentos o excusas para respaldar su posición. Ahora su mente está libre. Y cuando su mente está libre, ¿qué puede hacer? ¡Puede escucharnos! Eso es bueno.

"La compañía quizo hacer una versión más barata." Toda compañía amaría hacer una versión más barata. Si el producto final sólo cuesta unos pocos centavos, millones más podrían comprarlo. Pero desafortunadamente, esto es imposible. La fabricación de productos cuesta dinero.

"Pero sabían que no funcionaba." Ahora nuestro prospecto está pensando, "Una versión más barata de este producto no funcionaría tan bien." Para nuestros prospectos, nuestro producto ahora tiene más valor. Necesita estar en este precio para funcionar efectivamente. Cuando nuestro prospecto ve que los productos de la competencia son más baratos, ¿qué pensará? "Sí, estos son más baratos. Pero estoy seguro de que comprometieron y recortaron mucho valor para llegar hasta este precio. Probablemente no me funcionará tan bien."

"Y, no quieren estafarte." No es necesario agregar esto, pero es demasiado divertido de decir. ¿Por qué? Nos hace sentir bien sobre nuestra compañía. Hace que nuestro prospecto se sienta bien sobre nuestra compañía. Y la próxima ocasión que nuestro prospecto vea una versión más barata del producto, estará pensando, "Si compro esto, probablemente no me funcionará tan bien. Me estafarán."

¿En resumen?

Estas pocas oraciones justifican el precio en la mente de nuestros prospectos. Y, este guión reemplaza el miedo negativo en nuestra cabeza sobre que nuestros productos son caros. Problema resuelto.

Así que aquí está el guión de nuevo.

"Sí, es caro. La compañía quizo hacer una versión más barata, pero sabían que no funcionaba. Y, no quieren estafarte."

¿Es la única manera de responder la objeción sobre el precio caro?

No. Pero es una manera simple y fácil de enseñar a nuestro equipo.

Pero aquí hay una manera más, sólo por diversión.

Prueba diciendo esto:

"Nuestro producto es como un premio o un lujo. Es como gastar dinero en entradas al cine, cigarrillos, boletos de lotería o cerveza. Y a todos nos gusta un pequeño lujo en nuestras vidas."

Si nuestros prospectos gastan dinero en estas cosas, pueden pagar nuestro producto.

"PERO NO TENGO DINERO PARA ENTRAR."

¿Esta objeción aparecerá algún día en nuestro negocio de redes de mercadeo? Sí, una y otra vez. Vamos a solucionarlo ahora.

¿Qué significa cuando nuestros prospectos dicen que no tienen dinero para entrar?

Puede significar que nuestros prospectos sí tienen dinero para ingresar, pero no ven el valor dentro de lo que presentamos. Ojalá, ya hemos solucionado este problema antes, al aprender a hablar clara y directamente.

Esta objeción también puede significar que las finanzas están muy apretadas. Necesitan su flujo de dinero actual para gastos más importantes en su familia.

¿Recuerdas nuestra primera regla al manejar objeciones? Debemos de estar de acuerdo. A menos que estemos de acuerdo, las mentes de nuestros prospectos estarán cerradas a todo lo que digamos.

¿Como cuánto tiempo tenemos para solucionar este asunto dentro de la mente de nuestros prospectos? Como diez segundos. Debemos de cambiar su posición de, "No puedo entrar," a "Vamos a ver cómo puedo entrar ya."

Esto no debería ser difícil. Tenemos diez segundos completos. Recuerda, diez segundos es mucho tiempo para un profesional que habla claramente.

Debemos de comenzar con un acuerdo. Comenzaremos con, "Por supuesto que no tienes nada de dinero." Ahora nuestros prospectos sienten que los escuchamos y estamos de acuerdo con ellos, y no hay necesidad de defender su posición.

Una nota de precaución aquí: queremos ser sinceros al decir esto. Significa que debemos cuidar nuestro tono de voz para que no suene como sarcasmo.

Ahora que hemos abierto sus mentes, ¿qué deberíamos hacer? Para hacer que los prospectos consideren posibilidades nuevas, debemos de hacer que estas nuevas posibilidades se sientan familiares. Hacemos esto al decirle a nuestros prospectos un hecho en el que ya creen. Nuestros prospectos pensarán, "Ese hecho es verdad. Tú y yo pensamos igual. Podemos creer en este hecho y confiar en ti."

Comenzamos con un hecho al decir, "Por supuesto que no tienes nada de dinero." Lo estamos haciendo genial.

Vamos a agregar nuestro segundo hecho. Ahora diremos. "Por supuesto que no tienes nada de dinero, por eso estoy hablando contigo ahora." Nuestros prospectos piensan, "Vaya. Tu **estás** hablando conmigo ahora. Eso es totalmente verdad. Y, me has dado dos hechos seguidos. Eres una fuente de información confiable."

Darle a los prospectos dos hechos seguidos casi los coloca en un estado de trance profundo. Nuestros cerebros están ocupados y con poco poder. Después de dos hechos, un cerebro piensa, "Esta fuente es confiable. Vamos a destinar nuestro limitado poder cerebral en otro lado donde sea más necesario. Puedo creer todo lo que esta persona diga."

Un poco de simplificación excesiva, pero después de dos datos, nuestros prospectos consideran que somos una fuente confiable de información.

Pero no somos amateur. Somos profesionales. Vamos a darle a nuestros prospectos tres hechos seguidos. Esto hará que nuestra afinidad y confianza sean aún más profundas. Ahora nuestra respuesta suena como esto: "Por supuesto que no tienes nada de dinero, por eso estoy hablando contigo ahora. No quieres seguir así por el resto de tu vida… sin dinero suficiente."

Nuestros prospectos tienen una mente abierta. Les entregamos tres hechos en los que ya creen. Nuestro mensaje está ingresando dentro de sus cerebros.

Pero hey, tenemos diez segundos completos. Vamos a agregar otro hecho sólo por que podemos. Ahora nuestra respuesta suena como esto: "Por supuesto que no tienes nada de dinero, por eso estoy hablando contigo ahora. No quieres seguir así por el resto de tu vida… sin dinero suficiente. Así que vamos a sentarnos ahora…"

Nuestros prospectos piensan, "Wow, ahora nos estamos sentando. Esos son cuatro hechos seguidos. Pensamos lo mismo. Separados al nacer. Gemelos idénticos. Siameses unidos. ¡Nuestras mentes son una!"

Esto es lo que queremos que nuestros prospectos estén pensando para que puedan escuchar nuestro mensaje completo. Nuestra meta es transmitir nuestro mensaje al interior de la cabeza de nuestros prospectos. Eso es todo. Una vez dentro de su cabeza, nuestros prospectos podrán decidir si nuestro mensaje les sirve o no. Pero nuestro reto más grande es hacer que el mensaje atraviese toda su negatividad, sus filtros demasiado-bueno-para-ser-verdad, sus dudas de dónde-está-el-truco, sus programas de cuidado-con-los-vendedores, etc.

Estamos haciendo un trabajo genial hasta ahora. Así que vamos a agregar nuestra frase final, ahora que las mentes de nuestros prospectos están abiertas. Ahora nuestra respuesta suena como esto:

"Por supuesto que no tienes nada de dinero, por eso estoy hablando contigo ahora. No quieres seguir así por el resto de tu vida… sin dinero suficiente. Así que vamos a sentarnos ahora y averiguar una forma de que ingreses."

Nuestros prospectos pueden fácilmente responder, "Sí." Escucharon nuestro mensaje claro y fuerte.

Nuestros prospectos comenzaron desde este punto de vista: "No tenemos dinero. No podemos hacer este negocio. No podemos entrar." Después de decir estas palabras, nuestros prospectos ahora tienen un punto de vista diferente: "No queremos estar quebrados por el resto de nuestras vidas. Vamos a averiguar una manera de entrar ahora."

Hay muchas maneras de hacer que los prospectos comiencen cuando tienen problemas temporales de dinero. Podrían vender productos por adelantado, comenzar a hacer una fila de prospectos, vender esa lámpara de lava que han tenido en el clóset por 40 años, hacer una venta de cochera, etc. Si nuestros prospectos tienen el deseo de comenzar ahora, podemos encontrar una manera de ayudarlos.

El reto es hacer que nuestros prospectos cambien su punto de vista rápidamente. Afortunadamente, para los profesionales, esto no es difícil de hacer en diez segundos.

¿Pero qué hay si mis prospectos no tienen nada de tiempo?

Somos profesionales. Podemos solucionar esto.

Si nuestros prospectos se quejan de que no tienen nada de tiempo, nosotros usamos la misma plantilla. Podríamos decir:

"Por supuesto que no tienes nada de tiempo, por eso estoy hablando contigo ahora. No quieres seguir así por el resto de tu vida... sin tiempo suficiente para ti o tu familia. Así que vamos a sentarnos ahora y averiguar una forma de que ingreses, para que puedas tener más tiempo en tu vida."

Eso no fue tan difícil, ¿o sí? Podemos responder muchas objeciones con esta plantilla. Aquí hay un ejemplo más.

Nuestros prospectos dicen, "Pero no conozco a nadie. No tengo a nadie con quién hablar."

Podríamos responder, "Por supuesto que no conoces a nadie, por eso estoy hablando contigo ahora. No quieres seguir así por el resto de tu vida... sin amigos ni contactos. Así que vamos a sentarnos ahora y registrarte en el entrenamiento de nuestra compañía, donde aprenderás cómo conocer personas nuevas y construir tu negocio."

En nuestro negocio, sólo hay unas pocas objeciones comunes que escucharemos una y otra vez. Aprendamos cómo manejarlas ahora para que podamos construir nuestro negocio rápido.

"NO TENGO NADIE CON QUIEN HABLAR."

Bien, somos hijos de padres huérfanos, criados por lobos, y nos mudamos a una nueva ciudad donde no conocemos a nadie. Oh, y somos tímidos. ¿Cómo encontramos personas con quién hablar?

Bueno, encontrar personas con quién hablar es la parte fácil. Las personas están por doquier.

El reto es averiguar una forma de hablar con las personas que sea efectiva y libre de rechazo.

Aproximándonos con extraños.

Vamos a escoger a un extraño. ¿Qué tal el empleado de ventas en una pequeña tienda? Sabemos que a esta persona le pagan por ser amable, así que vamos a aproximarnos con el empleado y decir:

"Disculpe, soy nuevo en esta ciudad. ¿Podría hacerme un favor?"

El empleado automáticamente responde, "Seguro, ¿Cómo puedo ayudarle?"

Secretamente, el empleado está pensando, "Bueno, tal vez lo puedo ayudar. Depende de la clase de favor que pida. Si quiere pedirme dinero prestado, por supuesto que lo rechazaré. Pero si es un favor fácil, estaré feliz de ayudarle."

¿Y qué clase de favor vamos a pedir?

Pediremos un favor que sea fácil y no presione a la persona con la que hablamos. Pediremos una referencia.

¿Qué ocurre cuando directamente preguntamos a alguien, "¿Estarías interesado en mi negocio?" Esto obliga a la persona a tomar la decisión entre "sí" y "no." Si la decisión es "no," nos sentimos rechazados. La persona con la que hablamos no se siente tan bien tampoco.

Pero cuando pedimos una referencia, esto le da a la persona con la que hablamos algunas opciones. La persona podría:

- Conocer a alguien.
- No conocer a alguien.
- No conocer a alguien ahora, pero pensará en ello.
- O, personalmente estar interesado en lo que decimos.

No hay presión de tiempo. La persona con la que hablamos puede o no ser capaz de ayudarnos ya. Y eso está bien.

¿Por qué no pedir la referencia perfecta?

La mayoría de las personas conocen a 200 personas que nosotros no conocemos. No queremos hablar con toda su lista de 200 amistades. Sólo queremos hablar con los prospectos más calificados que quieren tomar acción ahora. Esto nos ahorrará mucho tiempo. Debemos de comenzar rápidamente.

Hay una fórmula de mercadeo que nos ayuda a localizar personas que tomarán acción inmediatamente. Aquí está la fórmula:

"Estoy buscando personas que <tienen este problema> y quieren solucionarlo."

Los prospectos se preocupan por sus problemas. Es más fácil motivar a los prospectos a resolver problemas que motivarlos a conseguir nuestros maravillosos beneficios. Queremos localizar personas con un problema que nuestros productos u oportunidad pueda resolver.

La última parte de la fórmula, querer solucionarlo, afina nuestra búsqueda a prospectos que quieren tomar acción inmediatamente. Muchas personas tienen problemas pero no quieren solucionarlos. Estos no son nuestros mejores prospectos cuando estamos tratando de construir rápidamente nuestro negocio.

¿Quieres algunos ejemplos de personas con problemas que no quieren solucionarlos?

- Un abuelo mayor que dice, "No, no quiero productos de salud. Mis hijos me visitan más cuando finjo estar enfermo."
- Un compañero de trabajo que dice, "Sí, necesito más dinero, pero no tengo nada de tiempo. Después de mirar

mis programas favoritos por la noche, estoy tan cansado que no quiero pensar en nada más."

- Una persona con sobrepeso que no quiere adelgazar.
- Alguien de 65 años que no ha comenzado a ahorrar para su retiro, y no ve la necesidad de comenzar a hacerlo.

Hay un viejo dicho, "Podemos correr con 1,000 personas motivadas, pero sólo podemos arrastrar a uno."

Las personas que no quieren resolver sus problemas sólo nos detendrán. Respetaremos su decisión de permanecer donde están por ahora.

Pongamos esta fórmula a trabajar.

Con el empleado de ventas podríamos decir,

"Estoy buscando personas que están aburridas con sus empleos, y están buscando algo más."

Eso fue fácil. El empleado no se siente presionado. Y nuestro empleado:

1. Conoce a alguien.

2. No conoce a alguien.

3. No puede pensar en nadie ahora, pero nos recordará.

4. Está interesado personalmente.

Todas estas cuatro alternativas están libres de rechazo.

Incluso si nuestro empleado no conoce a nadie, nuestro empleado está casi con remordimiento con nosotros.

Ahora, si nos recomiendan a alguien, ¿qué es lo que sabemos sobre esta persona?

1. Esta persona está aburrida con su trabajo actual.

2. Esta persona está buscando opciones ahora.

Vaya. Estamos hablando con lo mejores prospectos ahora.

¿Listo para más ejemplos de esta fórmula en acción?

Ahora que tenemos nuestra fórmula, vamos a asegurarnos de que nuestras palabras son lo mejor que pueden ser. De nuevo, aquí está la fórmula:

"Estoy buscando personas que <tienen este problema> y quieren solucionarlo."

Primero, vamos a crear algunas oraciones interesantes para nuestra oportunidad de negocio:

- "Estoy buscando personas que odian conducir al trabajo, y les gustaría trabajar desde sus casas."
- "Estoy buscando personas que odian a sus jefes, y les gustaría ser su propio jefe."
- "Estoy buscando personas que están preocupadas por el tiempo, que les gustaría tener más tiempo con sus familias."
- "Estoy buscando personas que están próximas a jubilarse, y les gustaría duplicar su pensión."
- "Estoy buscando madres con estrías que quieran borrar."

- "Estoy buscando personas que tienen dos empleos, pero preferirían sólo tener uno."
- "Estoy buscando personas que quieren hacer dietas, pero no encuentran tiempo para hacer ejercicio."
- "Estoy buscando mujeres que aman los perfumes, pero odian pagar precios altos."

¿Qué es lo que sabemos sobre los prospectos que respondan? Tienen este problema, y quieren solucionarlo.

¡Geniales prospectos!

Ese es un patrón fácil.

Hagamos más.

- "Estoy buscando personas que tienen muchas deudas en sus tarjetas de crédito, y quieren pagarlas rápido."
- "Estoy buscando personas que tienen facturas de electricidad y que preferirían una tarifa más baja."
- "Estoy buscando personas que quieren tomar vitaminas, pero no pueden tragar pastillas."
- "Estoy buscando madres solteras que quieren hacer un cambio en sus vidas."
- "Estoy buscando personas que aman el café, y también quieren perder peso."
- "Estoy buscando estudiantes universitarios con deudas, que quieran liquidar sus préstamos en tres años."
- "Estoy buscando personas que son adictas a los viajes, y les gustaría que les paguen por viajar."
- "Estoy buscando personas que odian sus empleos, y les gustaría tener una carrera ayudando personas."

- "Estoy buscando personas que aman las redes sociales, y quieren que les paguen por su adicción."
- "Estoy buscando personas que no les pagan bien, y quieren ganar lo que valen."
- "Estoy buscando madres ocupadas que quieren una carrera con horarios flexibles."
- "Estoy buscando mujeres mayores de 30 que odien las arrugas."
- "Estoy buscando padres que aman a sus hijos, y quieren un ingreso extra para pagar colegios privados."
- "Estoy buscando personas que les encanta el *coffee break*, y les gustaría una carrera tomando cinco *coffee breaks* por día, hablando con personas nuevas."

¿Por qué esto luce tan fácil?

Debido a que las personas están predispuestas. La mayoría de las personas quieren lo que tenemos para ofrecer.

Rara vez escuchamos personas que dicen:

- "Desearía tener menos dinero en el banco."
- "Esta grasa me sienta bien. Quizá debería agregar más."
- "Wow. Mis arrugas se están haciendo más profundas. Siento que me dan carácter."
- "Espero que la factura de los servicios llegue más cara que el mes pasado."
- "Si tan sólo pudiese lucir más viejo para la reunión de ex-compañeros."
- "Espero pagar el precio de lista cuando vaya de compras."

- "Nop. Olvida irnos de vacaciones a un mejor lugar. Mi familia adora hospedarse con mi cuñada en su departamento con 32 gatos."

Tenemos lo que nuestros prospectos necesitan para resolver sus problemas.

Le damos a nuestros prospectos una opción de resolver sus problemas. Y luego… tomamos a los voluntarios.

¿Podemos usar esta fórmula para publicaciones en redes sociales?

Por supuesto. Pero mientras aprenderemos en un capítulo más adelante, esto no será tan efectivo como hablar directamente con los prospectos. Publicar en redes sociales es un nivel de comunicación bajo.

Sin embargo, si estamos despiertos tarde por la noche navegando en redes sociales, ¿por qué no?

Sólo nos toma un minuto publicar algo. No hay nada malo con hacer algo de trabajo de prospección extra en el fondo.

Y piensa en quién podría responder a nuestras publicaciones: sólo prospectos predispuestos que tienen este problema y desean solucionarlo ahora.

Encontrar personas con quién hablar es fácil.

Las personas están por todas partes. Tenemos un número ilimitado de personas con quien hablar. La única razón por la que pensamos que teníamos límites era por que no sabíamos cómo hablar con las personas sin ser rechazados.

El secreto no es encontrar personas con quién hablar. El secreto es decir las cosas correctas cuando hablamos con personas.

Usar esta fórmula de mercadeo hace fácil hablar con quien sea, donde sea. Y la mejor parte es que estaremos hablando con prospectos altamente motivados que quieren tomar acción ahora.

Mientras aprendemos a decir las palabras correctas, nuestro negocio se hace más y más fácil.

¿Te diste cuenta de cómo estamos hablando mucho sobre los problemas de nuestros prospectos?

¿Los prospectos están más interesados en resolver sus problemas, o en los asombrosos beneficios de nuestros productos y negocio?

La respuesta es muy clara.

¿El tema #1 que nuestros prospectos aman? Ellos mismos.

Cuando hablamos con nuestros prospectos, y luego hablamos sobre sus problemas, nos convertimos en la persona más interesante del mundo.

¿Por qué?

Debido a que los problemas se tratan de nuestros prospectos. Los beneficios se tratan solamente de nosotros, nuestros productos, y nuestro negocio. Los prospectos están interesados en ellos mismos, no en nosotros.

"¿A QUIÉN DEBO LLAMAR PRIMERO?"

Ahora que tenemos más confianza en nuestras habilidades de negocio, ¿a quién deberíamos llamar primero?

- ¿Deberíamos llamar a los prospectos más probables de ingresar?
- ¿O deberíamos llamar a los prospectos menos probables de ingresar?

La respuesta es obvia. Queremos llamar a las personas que quieren unirse a nuestro negocio o usar nuestros productos. Las personas que conocemos tienen algo de confianza y creen en nosotros. Los desconocidos no.

Uno de los pasos claves en el proceso de toma de decisiones es que el prospecto se pregunta, "¿Puedo confiar y creer en ti?" Si no cruzamos este paso, bueno, no llegaremos muy lejos. No importa cuán asombrosa sea nuestra oferta, los prospectos no ingresarán ni comprarán si no nos creen ni confían en nosotros.

Si apenas vamos comenzando, no hemos aprendido las habilidades para crear afinidad instantánea con desconocidos. Si no confían ni nos creen, nuestro mensaje caerá en oídos sordos.

Así que vamos a hablar con personas que ya nos conocen, a quienes les agradamos y que confían en nosotros. Ellos son los prospectos más probables de ingresar cuando comenzamos en nuestra carrera.

Prospecto #1.

Nuestro mejor amigo. ¿Por qué?

Una de las razones por las que tenemos un mejor amigo es por que tenemos intereses en común. Si amamos nuestro nuevo negocio, es probable que nuestro mejor amigo ame nuestro negocio también.

Además, nuestro mejor amigo nos conoce bien. No tenemos que crear confianza y creencia. Esto significa que podemos saltar ese paso en nuestra conversación.

¿Qué podemos decir con nuestro mejor amigo? Probemos con esto:

"Hola. Acabo de unirme a un nuevo negocio. Eres mi mejor amigo. Me gustaría que hiciéramos esto juntos."

¿Suena muy directo? Seguro. Es fácil. Estamos hablando con nuestro mejor amigo. Nos haremos mejores al invitar y hacer citas después.

Pero por ahora, vamos a llamar primero a nuestro mejor amigo.

Podrías estar pensando, "¿No necesito un guión de ventas para llamar a mi mejor amigo?"

No. Obtendremos la cita con nuestro mejor amigo debido a nuestra relación, no gracias a un astuto y manipulador guión de ventas. Además, ¿no crees que nuestro mejor amigo será capaz de notar si usamos algún guión de ventas impersonal?

Nuestro mejor amigo sentirá nuestra pasión, creencia, y deseo de compartir buenas noticias. ¿Y por qué no? Todo lo que hacemos es ofrecerle a las personas una opción más en sus vidas.

¿Pero qué hay si nos sentimos avergonzados por que nuestra última recomendación no funcionó?

Bueno, no queremos que nuestro mejor amigo se quede atrás mientras construimos este negocio. Si escondemos nuestro negocio y lo mantenemos en secreto de nuestro mejor amigo, ¿qué tipo de amistad es esa? Nuestro mejor amigo debería por lo menos tener la oportunidad de decir "sí" o "no" a nuestra oportunidad.

Además, ¿qué tan vergonzoso sería que nuestro mejor amigo se entere de nuestra oportunidad por alguien más?

Sí, vamos a llamar primero a nuestro mejor amigo.

Esto funciona bien cuando patrocinamos a alguien nuevo. Inmediatamente después de afiliar a un nuevo distribuidor, deberíamos decir, "Vamos a llamar a tu mejor amigo."

Si es necesario, podemos explicar el por qué. Sin embargo, la mayoría de los nuevos distribuidores tomará nuestra recomendación. Es la manera más fácil de obtener la primera cita para nuestro nuevo distribuidor.

Queremos construir rápidamente.

Prospecto #2.

¿A quién deberíamos llamar después? Hagámonos esta pregunta:

"De todas las personas que conozco, como amistades, parientes, y compañeros de trabajo, ¿hay por lo menos una persona que se SIENTE igual que yo? Alguien que quiere tener una nueva carrera o un ingreso genial de medio tiempo?"

Eso debe de darnos muchas más personas geniales para contactar.

¿Y por qué nos concentramos en cómo alguien se siente? Debido a que sentirnos igual es más poderoso a pensar igual.

Queremos hablar primero con los prospectos más fáciles y más motivados.

Es divertido hablar con prospectos que se sienten como nosotros. Tenemos el mismo punto de vista. Tenemos la misma motivación. Y tendremos el mismo entusiasmo debido a que podemos ver el potencial de nuestro negocio.

Cuando estamos con nuestros nuevos miembros de equipo, ésta es una pregunta excelente para hacer, para que puedan hablar con sus mejores prospectos primero. Aquí está de nuevo.

"De todas las personas que conoces, como amistades, parientes, y compañeros de trabajo, ¿hay por lo menos una persona que se SIENTE igual que tú? Alguien que quiere tener una nueva carrera o un ingreso genial de medio tiempo?"

Podemos conseguir a sus mejores prospectos, su mejor amigo de la carrera, su mejor amigo de toda la vida, su referido más calificado, al hacer esta pequeña pregunta.

¿Para productos?

Aquí hay algunos ejemplos rápidos de este guión de referidos:

"De todas las personas que conoces, como amistades, parientes, y compañeros de trabajo, ¿hay por lo menos una persona que se SIENTE igual que tú? Tú sabes, ¿alguien que quiera perder peso pero deteste las dietas?"

"De todas las personas que conoces, como amistades, parientes, y compañeros de trabajo, ¿hay por lo menos una persona que se SIENTE igual que tú? Tú sabes, ¿alguien que odia pagar el monto total y le gustaría pagar menos en su factura eléctrica?"

"De todas las personas que conoces, como amistades, parientes, y compañeros de trabajo, ¿hay por lo menos una persona que se SIENTE igual que tú? Tú sabes, ¿alguien que odie las arrugas y siempre está probando maneras de lucir más joven?"

Algunas personas nos darán referidos geniales, otros no. Pero no obtendremos ningún referido a menos que preguntemos.

Prospecto #3 y más.

Vamos a tomar nuestro teléfono. Nuestra lista de contactos personales es enorme.

Dejemos que nuestros contactos sepan, uno por uno, que tenemos una opción extra para ellos. De esa forma nuestras conversaciones o mensajes son breves y sin rechazo. Nuestros contactos personales pueden decidir si quieren saber más sobre nuestra opción o no.

Nuestra obligación es dejarles saber que hay una opción. No estamos obligados a presionarlos a que escuchen la opción. Eso es decisión suya.

¿Necesitamos tener una lista grande de personas potenciales a quienes contactar?

No.

Hay un viejo dicho, "No es el tamaño de la lista. Son las relaciones en la lista."

Una lista de tres personas que se SIENTEN como nosotros producirá mejores resultados que una lista de 5,000 "amigos" de redes sociales y contactos de bajo nivel.

Si nuestras relaciones pasadas con las personas han sido con afán de transacción, y no nos convertimos en amigos reales, no entres en pánico. Conoceremos personas nuevas.

Pero, si tenemos amistades reales, vamos a hablar con ellas primero y démosles una opción más en sus vidas.

¿Pero qué tal si no toman nuestra opción?

Está bien. Es sólo una opción. En ese caso les preguntaremos si hay alguien a quien ellos conocen que le gustaría tomar nuestra opción. Ahora sabemos cómo hacer eso.

¿Pero por qué deberíamos llamar primero a nuestras amistades y parientes?

Por que ya tenemos afinidad. Ellos confían y creen en nosotros. No tenemos que invertir tiempo estableciendo afinidad. Podemos ir directo al punto. Podemos decirles sobre nuestro negocio y ellos escucharán con una mente abierta.

¿Qué tal si tengo un bloqueo mental?

Si no queremos llamar a nuestros amigos primero, deberíamos preguntarnos por qué. Aquí hay dos razones obvias.

#1. No creemos completamente en nuestro negocio. No sentimos que tenemos un gran producto u oportunidad que ofrecer. No queremos que nuestras amistades fracasen. Puesto que no estamos seguros, preferiríamos hablar con desconocidos.

Pero piensa en ello de esta manera. Si tenemos una oportunidad genial que ayuda a las personas, ¿no querríamos ofrecerla primero a las personas que conocemos? ¿Por qué gastar dinero promoviendo esta genial oportunidad con desconocidos? Si sintiéramos que estamos ofreciendo una oportunidad de ganar $10,000 dls al mes, ¿realmente publicaríamos un anuncio en busca de extraños?

Por supuesto que no. Debemos de pensar más sobre nuestro compromiso y creencia en nuestro negocio.

#2. No sentimos que nuestros amigos y parientes respetarían la oferta debido a que viene de nosotros. Quizá cometimos errores en el pasado. O posiblemente todos nuestros amigos son ricos y exitosos, mientras que nosotros no. Esto puede ocasionar que seamos tímidos y no los contactemos.

Pero hay una solución. Todo lo que hacemos es ofrecer una "opción" de escuchar o no. Si todos dicen "no" a la opción de escuchar nuestra oportunidad, no hay problema. Hicimos nuestro trabajo. Les dimos una oportunidad. Si quieren prejuzgar nuestra oportunidad basados en lo que nos sucedió en nuestro pasado, eso es su decisión.

Por lo menos no tendremos que preocuparnos por que vengan con nosotros después cuando tengamos éxito y digan, "¿Por qué no me lo dijiste antes?"

LOS SEIS NIVELES DE COMUNICACIÓN.

Debemos hablar con nuestros prospectos, así que, ¿por qué no hablar en el nivel más alto de comunicación?

¿Por qué no darnos a nosotros mismos la mayor probabilidad de éxito?

¿Qué ocurre cuando no nos comunicamos efectivamente? Piensa en ello.

Casi todos con los que hablamos están predispuestos. Quieren nuestro producto o servicio. Quieren más dinero en sus vidas. Tenemos algo que la mayoría de prospectos quiere.

Aún así, muchos prospectos nos dirán que no están interesados. Qué raro.

¿Qué sale mal?

Cuando tomamos el mensaje dentro de nuestra cabeza y tratamos de poner ese mensaje dentro de la cabeza de nuestros prospectos… algo sale terriblemente mal.

Lo que nuestros prospectos comprenden es algo diferente a lo que pretendíamos.

Queremos comenzar nuestro negocio rápidamente.

Eso significa hacer que nuestro mensaje entre a la mente de nuestros prospectos tan eficientemente como nos sea posible. Y por eficientemente, nos referimos a rapidez y precisión.

Una mala comunicación frena esto. Así que siempre deberíamos de elegir el nivel de comunicación más alto posible cuando hablemos con prospectos. Veamos estos niveles ahora.

Comunicación de Nivel Uno (hablarle a alguien).

El nivel más bajo de comunicación es un simple correo electrónico o mensaje de texto. ¿Por que? No hay visuales. No podemos ver el lenguaje corporal de nuestro prospecto, y ellos no pueden ver el nuestro. Y se pone peor.

- Nuestro correo electrónico fácilmente podría ser malentendido.
- Es una comunicación de una vía. Estamos hablando, pero no recibimos retroalimentación inmediata.
- Es más difícil escribir correctamente y claramente que cuando hablamos con alguien.
- Y es muy impersonal. A nadie le gusta ser tratado como un número o estadística.

Ahora, un simple correo electrónico o mensaje de texto no es malo, sólo es la forma más baja de comunicación. Es difícil comunicar nuestra creencia, mostrar nuestra pasión, y lo peor... puede ser borrado fácilmente.

No hay un sentido de urgencia, no hay apariencia de importancia, y sólo la suave palabra escrita hace que este nivel de comunicación sea una manera difícil de vender.

Sin embargo, podría ser nuestro único medio de comunicación. Por ejemplo, cuando queremos enviar 30,000 copias de nuestro boletín, sabemos que no tenemos tiempo de llamar a todos. O algunas veces no tenemos los números de nuestros prospectos. Esta podría ser la única manera de llevarles nuestro mensaje.

Pero aquí está donde las cosas salen mal. El Nivel Uno de Comunicación es hablarle a alguien. Es una comunicación de una vía.

No hay retroalimentación. No hay prospectos asintiendo con la cabeza. Estamos ciegos a cualquier reacción o pregunta de nuestros prospectos. Es sólo nosotros, hablando sobre nosotros y nuestra oferta. No es sobre nuestros prospectos. Y eso es aburrido para ellos.

En redes de mercadeo, nuestra meta es crear relaciones con personas. Entre más profunda la relación, más fuerte se construye nuestro equipo. Si tenemos un nivel de relaciones bajo con nuestro equipo, nuestras conexiones serán débiles. Esta no es una base fuerte sobre la cual construir nuestro negocio.

Piensa en las citas. ¿Qué tan fuertes serían nuestra relaciones si sólo enviáramos mensajes de texto? Nada de fotos. Sólo la comunicación de una vía con texto. Nunca nos vemos en persona. No es muy efectivo, y no se disfruta mucho tampoco.

Considera los simples mensajes de texto como un medio de comunicación de bajo nivel. Lo podemos hacer mucho mejor.

Así que cuando sea posible, tratemos de comunicarnos con nuestros prospectos con uno de los niveles más altos.

Comunicación de Nivel Dos (hablarle a alguien).

¿Qué es mejor que un simple mensaje de texto?

Un sitio web. El video de la compañía. Un folleto. Por lo menos podemos incluir algunos gráficos y algunos videos de gente hablando.

¿Podemos ver el problema? Sí. Aún estamos hablándole a nuestros prospectos. Comunicación de una vía. No obtenemos retroalimentación, no hay aprobación, no hay participación cuando estamos hablándole a nuestros prospectos. Seguimos operando a ciegas.

Así que podemos pontificar, predicar, y exagerar todo lo que queramos, pero tal vez nadie está leyendo o escuchando.

La retroalimentación nos ayuda a hacer que nuestro mensaje sea específico y dirigido a nuestro prospecto. Por ejemplo, queremos escribir o hablar sobre la historia de nuestra compañía, pero todo lo que le interesa a nuestro prospecto es el producto. Esta no es una buena comunicación. La buena comunicación requiere de retroalimentación.

Todas estas "herramientas" frenan nuestro negocio. Retrasan la decisión de comprar o unirse. Le decimos a nuestros prospectos que pierdan tiempo revisando información. Estas acciones retrasan nuestro proceso:

- Un video en nuestro sitio web. Nuestros prospectos no tienen tiempo de mirar nuestro video. Ellos ya detestan tener que mirar un comercial de 15 segundos. Así que cuando los enviamos a nuestro sitio web para mirar un video de cinco, 10, o 15 minutos, ¿qué pensarán? Todos ellos piensan, "No tengo tiempo de ver un comercial de 15 minutos. Déjame buscar rápidamente una razón para no ingresar." Ahora nuestros prospectos están buscando razones para no unirse en lugar de buscar razones para ingresar. Es por esto que nuca jamás volvemos a ver o a escuchar de muchos prospectos.

- Un folleto o un paquete detallado de información. De nuevo, estamos hablándole **a** nuestros prospectos. ¿Y cuál es el resultado más común al entregar estos paquetes de información? El seguimiento se dificulta. Si nos las arreglamos para volver a conectar con nuestros prospectos, casi siempre dirán, "No he tenido tiempo de revisarlo todavía." Eso es más fácil que decir que no están interesados.

Podríamos a menudo escuchar este consejo, "Deja que las herramientas hagan el trabajo."

Esto suena bien. Pensamos, "Todo lo que tengo que hacer es poner las herramientas en las manos de cientos de prospectos. Luego, mis prospectos evaluarán cuidadosamente la información y tomarán una decisión informada basados en la información que les presente." Sólo decir esto en voz alta nos dará un sentimiento incómodo. ¿Por qué?

Primero, los prospectos no tienen tiempo de revisar información sobre nuestros planes personales. Esto ya se siente como que les queremos vender algo. A los prospectos no les gusta.

Segundo, si hacer llegar herramientas e información a las manos de los prospectos funcionara, entonces, ¿por qué nuestras compañías de redes de mercadeo nos necesitan? Podrían simplemente saltar sobre nosotros y ellos mismos entregar la información a los prospectos.

La realidad es que toma algo más que información y herramientas el construir una relación con nuestros prospectos. Se requiere de nosotros. ¿Entonces por qué hay tantas herramientas para que los distribuidores usen cuando las herramientas son tan poco efectivas?

Por que los nuevos distribuidores tienen pobres o malas habilidades de redes de mercadeo o comunicación. Una herramienta con una baja taza de conversión es mejor que nada. Pero es por esto que queremos graduarnos en habilidades de comunicación real y relaciones. Es difícil construir un negocio fuerte, de largo plazo, evitando conversaciones reales con personas y simplemente repartiendo herramientas.

Comunicación de Nivel Tres (comunicación de dos vías).

¿Comunicación de dos vías? Esto ya suena mejor que hablar **a** los prospectos.

Una llamada telefónica en vivo con un prospecto es una comunicación de dos vías.

- Podemos darle a nuestro prospecto nuestro mensaje.
- Podemos escuchar su retroalimentación.
- Podemos escuchar el tono de voz de nuestros prospectos.
- Podemos preguntar si han comprendido.
- Podemos responder las preguntas de nuestros prospectos.
- Podemos escuchar el suspiro de nuestros prospectos cuando hablamos demasiado tiempo. :)

Le llamamos a esto... una conversación.

Ahora, no querríamos arruinar la conversación hablando todo el tiempo. Recuerda, esto es una comunicación de dos vías.

Tener la oportunidad de escuchar a nuestros prospectos, sus preocupaciones, y sus intereses, nos ayuda a personalizar nuestra presentación. Ahora podemos hablar exactamente de lo que quieren saber.

Por ejemplo, descubrimos que este prospecto no quiere saber sobre la patente de nuestro producto milagro, sino sólo quiere saber si la compañía ofrece entrenamiento. Esto hace nuestra comunicación más fácil, más eficiente, y más personal.

Nuestra meta es construir nuestro negocio rápidamente. La comunicación de dos vías es mucho más rápida que simplemente enviar mensajes.

Piensa en la experiencia típica de los mensajes. Enviamos el mensaje, y esperamos por la respuesta. Luego enviamos otro mensaje, y esperamos por la respuesta. Y luego... bueno, ya sabemos lo que ocurre. Esto puede seguir por siempre. Con la comunicación de dos vías "en vivo," podemos recortar esta conversación. Cinco minutos de hablar podrían reemplazar cinco días de mensajes.

La comunicación de dos vías nos permite salir adelante con nuestros prospectos en el proceso de tomar su decisión. Esa es la dirección en la que queremos ir... hacia adelante.

Precaución: Error fatal a la vista.

Imagina que estamos entrando en una Comunicación de Nivel Tres (comunicación de dos vías en una llamada telefónica) con un prospecto.

¿Queremos hacer que la comunicación empeore?

¿Queremos discapacitar esta conversación?

Todo lo que tendríamos que hacer es para empeorar las cosas es mandar a nuestros prospectos a un... ¡sitio web!

Ese es el nivel más bajo de comunicación. Tomamos nuestra conversación de una comunicación de dos vías (una llamada telefónica) a comunicación de una vía, un sitio web, lo que es solamente hablar **al** prospecto.

¡Bajamos de la Comunicación de Nivel Tres a la Comunicación de Nivel Dos!

Estamos caminando en sentido contrario.

¿Y qué ocurre cuando nuestros prospectos entran a nuestro sitio web?

- No pueden encontrar la respuesta a la pregunta que tienen.
- Se aburren de leer sobre la historia de la compañía.
- El video habla de algo que no les interesa.
- Toman su decisión basados en un vistazo de menos de un minuto.
- Buscan una razón para no unirse ni comprar.
- Abandonan nuestra página para revisar sus redes sociales.
- Pierden la motivación de nuestra parte para seguir adelante.

¿Motivación de nuestra parte?

Nuestros productos, servicios, y oportunidad son geniales. No tenemos que venderlos. Nuestros prospectos ya quieren una vida mejor.

¿Entonces qué debemos de vender? El llevarlos de la mano mientras realizan el cambio.

Es fácil para nuestros prospectos tomar la decisión de comprar o unirse. Es difícil para ellos implementar esta decisión. ¿Por qué? Debido a que todos tenemos programas en nuestras mentes que nos dicen, "Ten cuidado. No cambies. No sabemos qué sucederá en el futuro si hacemos cambios." Estos programas a menudo nos impiden tener vidas mejores.

Entonces, nuestros prospectos quieren cambiar, pero tampoco quieren cometer un error. Recuerdan los cambios que hicieron en el pasado y que no funcionaron. Quieren nuestra confianza y que los llevemos de la mano cuando hacen el cambio hacia nuestros productos y oportunidad. Quieren más apoyo que sólo su decisión personal.

¿Por qué? Debido a que saben que sus amistades se reirán de ellos si toman malas decisiones. Y es por eso que estamos aquí, para ayudarlos a tener la confianza de salir adelante.

Queremos mantener la conversación en el nivel más alto posible, por los menos en la Comunicación de Nivel Tres. La comunicación de dos vías le da a nuestros prospectos la confianza de tomar acción sobre su decisión de "sí."

¿Pero qué hay si somos distribuidores nuevos?

Si somos nuevos, pensamos, "No sé qué decir. Sólo quiero repartir herramientas que hablen **a** los prospectos. No quiero ni hablar con nadie. ¿Hay algún modo en que pueda automatizar el proceso para no involucrarme?"

Bien, podemos pensar así pero, ¿no es eso tomar una "mentalidad de víctima" en lugar de tomar nuestra responsabilidad y aprender exactamente qué decir?

Para ser profesionales, debemos aprender cómo hablar con las personas.

Hagamos eso ahora. ¿Por qué?

Por que ésta es la dura realidad sobre las decisiones de nuestros prospectos. Nuestro amigo, Kevin Graham, lo explica mejor:

"Cuando aprendemos exactamente cómo nuestros prospectos toman decisiones, comprendemos que no son las herramientas. Es lo que decimos y hacemos antes de las herramientas lo que hace la mayor diferencia. Si no podemos hacer que nuestros prospectos miren el video o entren a la presentación, nuestras herramientas son inútiles."

Comunicación de Nivel Cuatro (comunicación de dos vías en video).

Mientras que las palabras son críticas obviamente, el tono de voz y el lenguaje corporal son igualmente importantes. La comunicación no verbal es enorme.

Nuestras palabras son importantes. ¿Quieres pruebas? Di las palabras equivocadas y mira lo que ocurre.

Pero el lenguaje corporal, las expresiones faciales, y nuestro tono de voz también son elementos de comunicación esenciales.

Por ejemplo, con la Comunicación de Nivel Cuatro, una video-llamada, podemos ver los rostros de nuestros prospectos. Podemos ver cómo nuestros prospectos ruedan los ojos mientras hablamos sobre los minúsculos detalles de nuestro plan de compensación. Podemos ver cómo nuestros prospectos cabecean de sueño durante nuestra presentación.

Pero también podemos ver una ligera sonrisa cuando nuestros prospectos están de acuerdo con nosotros. Esa ligera sonrisa nos podría decir que estamos hablando exactamente sobre lo que nuestros prospectos quieren escuchar. Nos estamos comunicando en un nivel mucho más alto ahora.

Con una video-llamada, nuestros prospectos pueden ver nuestros rostros y leer nuestras micro-expresiones faciales.

Nuestros prospectos pueden medir nuestro interés en su parte de la conversación.

Es fácil ser descortés en un mensaje, y fácil ser descortés con una persona sin rostro en el teléfono. Pero es mucho más difícil ser descortés cara a cara en una llamada en video. Con las conversaciones cara a cara, nuestros prospectos son mucho más amables.

¿Cómo hacemos que un prospecto renuente acceda a una video-llamada?

Diciendo mejores palabras, por supuesto.

Si nuestras palabras son débiles o no los inspiran, nuestros prospectos tomaran la decisión de "no." No nos dirán "no." Es más fácil para ellos evitar la vergüenza diciendo:

- "Por favor envíame algo de información."
- "Revisaré el sitio web cuando tenga oportunidad."
- "Te llamaré cuando tenga más tiempo."
- "Estoy ocupado en un viaje ahora, envíame los datos."

¿Ves la tendencia?

Las palabras débiles crean decisiones de "no." Los prospectos no tienen el coraje de hacer un cambio en sus vidas si nuestras palabras no son irresistibles.

¿Entonces qué podemos decir para atraer a nuestros prospectos para tener un nivel de comunicación más alto con nosotros? Aquí hay algunas ideas.

1. Decir a nuestros prospectos que estamos ofreciendo una opción más para sus vidas. Esto alivia su tensión y miedo a una llamada de ventas con mucha presión.

2. Decir a nuestros prospectos que tenemos "algo para demostrar" que pueden ver a través de un video. Una simple demostración impresionante de producto es un ejemplo de ésta técnica.

3. Recordar a nuestros prospectos que queremos ahorrarles tiempo. Decir a nuestros prospectos aprehensivos, "Podemos hacer todo esto en tres minutos." Con una presentación de un minuto o una historia de dos minutos, esto nos deja bastante tiempo para usar palabras visuales o cháchara.

4. Decir a nuestros prospectos, "Tal vez quieras ver con quién estas hablando. Seremos socios por mucho tiempo." Luego, asegurarnos de sonreír. No queremos lucir como asesino serial.

Si nuestros prospectos resisten constantemente las video-llamadas, debemos de preguntarnos, "¿Qué fue lo que dijimos o hicimos para provocar esta decisión?"

Sí, las palabras son importantes.

Hay un lazo cuando vemos a alguien cara a cara. Usemos ese lazo para comunicarnos mejor.

Comunicación de Nivel Cinco (comunicación de dos vías en persona).

¿Qué sucede cuando nos reunimos con alguien en persona?

Ahora tenemos una relación y una conversación diferente que si sólo hubiésemos enviado un mensaje de texto. En persona, hay un lazo que no podemos obtener con un simple mensaje. Piensa en este ejemplo.

Imagina que conocemos a algunos compañeros distribuidores por mensajes o llamadas telefónicas. Mientras construimos más la relación, esperamos conocerlos en persona. Participamos juntos durante el año en llamadas de conferencia y entrenamientos. Ahora estamos ansiosos de conocer a nuestros amigos distribuidores en la convención anual. Hay un nuevo lazo, más especial que se crea. Decimos, "¡Oh, estaba esperando conocerte en persona todo el año!"

Los humanos son sociales.

Es por eso que somos adictos a los mensajes, redes sociales y fiestas. Nos fascina hacer relaciones.

Conectar en persona es mucho más poderoso que un mensaje de texto o una llamada por teléfono.

Ahora considera esto. Si pudiésemos enviar un mensaje a un prospecto (Comunicación de Nivel Uno), o reunirnos cara a cara (Comunicación de Nivel Cinco), ¿cuál escogeríamos?

Si quisiéramos comunicarnos a un nivel más alto, ser más efectivos, y ahorrar tiempo, entonces sí, elegiríamos vernos en persona.

Podemos ver la tragedia que se aproxima de nuevo.

¿Podemos imaginarnos reunidos con un prospecto en persona, teniendo una conversación de dos vías, mirando el lenguaje corporal, escuchando las preocupaciones de esa persona y luego… enviando a ese prospecto a una página web?

Grrr.

¡Eso es pasar del Nivel de Comunicación Cinco, hasta el Nivel de Comunicación Dos!

Ahora tiene sentido cuando escuchamos a los empresarios profesionales en redes decir:

"La manera más fácil de deshacerte de prospectos es enviarlos a un sitio web."

Esto es divertido sólo para aquellos de nosotros que sabemos de los seis niveles de comunicación.

No queremos descender en nuestros niveles de comunicación. Queremos ir hacia arriba. Aquí está un ejemplo.

Hacemos contactos en redes sociales. Inicialmente dudan en comunicarse. Nuestra meta es moverlos hacia arriba en la escalera de comunicación a una conversación en un Nivel Tres, Nivel Cuatro, o incluso un Nivel Cinco. Cuando sea posible, siempre queremos mejorar nuestros niveles de comunicación.

Como es de entender, esto no siempre es posible. Aquí hay un ejemplo.

Conocemos a un prospecto genial en el avión. Este prospecto vive a 1,000 km de distancia. Así que incluso cuando conocimos a este prospecto en persona en un Nivel Cinco, será difícil continuar en este nivel.

No podemos conocer a todos en persona. Hay consideraciones de tiempo y distancia. Si no podemos reunirnos con alguien en persona debido a que viven a miles de kilómetros de nosotros, simplemente elige el nivel de comunicación más alto que esté disponible para nosotros.

Por ejemplo, si no podemos reunirnos con nuestros prospectos en un Nivel Cinco, ¿podríamos conversar y verlos en el Nivel Cuatro, una video-llamada?

Si no, ¿podríamos hablar con ellos en el Nivel Tres, una llamada telefónica normal?

Siempre elige el nivel de comunicación más alto que esté disponible.

Comunicación de Nivel Seis (conversación de dos vías, con alimentos).

Por siglos, las personas han creado lazos en banquetes. Hay una conexión especial cuando nos reunimos con alguien en persona para comer.

El simple acto de compartir una comida juntos nos garantiza una conversación de dos vías amable y placentera. Nadie se molesta al compartir los alimentos con nosotros.

Considera la comunicación de alto nivel de calidad de una simple presentación de negocio durante una comida. Puede ser más poderosa que 1,000 mensajes o 10 conversaciones telefónicas ordinarias.

Estamos hablando de calidad sobre cantidad.

En redes de mercadeo, ¿cuántas personas de calidad necesitamos patrocinar personalmente? Sólo unas pocas. Es por eso que queremos darnos la mejor oportunidad con una experiencia de alta calidad, la Comunicación de Nivel Seis "en la comida."

Nos encanta reunirnos con las personas para comer. Invitamos personas a comer con nosotros a diario. Simplemente di, "Hey, sé que tienes presiones de tiempo, vamos a reunirnos en la comida. Tienes que comer de todas maneras."

Cuando tenemos una conversación con los prospectos durante la comida, la tensión se desvanece. Esto no es una presentación de negocios regular. Nos comunicamos mejor cuando nuestros prospectos están relajados y disfrutando de la experiencia de relacionarnos durante los alimentos.

Si somos nuevos en redes de mercadeo, podríamos estar pensando:

"¿Pero cómo mostraré el video de la compañía y el panfleto mientras estamos comiendo?"

La realidad es que nuestros prospectos toman su decisión final de hacer negocio con nosotros antes de nuestra presentación, no después. Obtendremos la decisión final de nuestros prospectos durante el primer o segundo minuto de la comida con una presentación de un minuto o una historia de dos minutos.

Nuestros prospectos podrán mirar la información de soporte después cuando les sea más conveniente. Durante la comida hablaremos sobre el panorama completo y lo que deseamos hacer con nuestra nueva relación de negocios.

La personas se unen a las personas. No se unen a compañías o planes de compensación. No tienen suficientes datos antes de unirse. Eso viene después.

Puesto que sólo tenemos que patrocinar unas pocas buenas personas, nuestra estrategia podría ser:

"Sólo tener una conversación con una persona diferente cada día durante la comida y la cena... hasta que localice a mis pocas buenas personas."

Cielos, eso fue fácil.

Esto hará que nuestro enfoque cambie del mercadeo costoso, publicidad de embudos, páginas de captura, videos en línea, autorrespondedores, comerciales tediosos que nadie mira hasta el final, etc.

La Comunicación de Nivel Seis es tener una amena conversación de dos vías con nuestros prospectos durante la comida. No se puede mejorar eso.

Cuando sea posible, ¡ve por el Nivel Seis!

Así que revisemos.

Comunicación de Nivel Uno: Un mensaje simple.

Comunicación de Nivel Dos: Una página web, un video, o un folleto.

Estas son comunicaciones de bajo nivel, comunicación de una vía que le hablan **al** prospecto.

Tener una conversación con alguien es comunicación de dos vías. Ahora podemos ser efectivos.

Comunicación de Nivel Tres: Una llamada telefónica.

Comunicación de Nivel Cuatro: Una video-llamada.

Comunicación de Nivel Cinco: Reunirnos con alguien en persona.

Comunicación de Nivel Seis: Reunirnos con alguien en persona… con alimentos.

Siempre elige el nivel de comunicación más alto que esté disponible.

EL NIVEL DE COMUNICACIÓN SEIS SUENA MARAVILLOSO, PERO...

Podríamos estar pensando, "No estoy de tiempo completo. No puedo reunirme con las personas para comer."

Vamos a hacer que esto funcione. ¿Por qué?

Debido a que el Nivel de Comunicación Seis nos da la mejor oportunidad de construir una buena relación con nuestros futuros líderes. ¿Qué tal un ejemplo?

Una vez por semana, nuestro amigo Jerry Scribner pasa la mayoría de su día en el Panera Bread Café. Es la oficina móvil perfecta. Tiene wi-fi gratuito, café ilimitado, y es el lugar perfecto para reunirse con personas.

Si los prospectos de Jerry son madrugadores o van camino al trabajo, pueden reunirse temprano para un café o un rápido desayuno.

Los prospectos resuelven sus preguntas. Se reúnen y hacen conexión con Jerry. Piensan, "Jerry es un buen hombre. Me gusta su enfoque relajado. Es alguien con quien me gustaría hacer negocio."

Ahora, ¿qué ocurre cuando esos prospectos regresan a la carretera a luchar contra el tráfico de camino al trabajo? ¿En qué están pensando?

Podrían pensar, "Si Jerry puede hacer este negocio, yo también puedo. Aprender a tomar café y comer el desayuno no puede ser tan difícil. ¿Y tener una buena conversación con personas durante la mañana? Podría hacer esto también, y conservar mi trabajo actual. Y con el tiempo, como Jerry, podría renunciar a mi trabajo y hacer esto de tiempo completo. Apuesto que está saliendo al club de golf en este momento."

Cuando Jerry no tiene prospectos sentados frente a él en la mesa, se pone al corriente con trabajo de escritorio como correos y mensajes.

El personal del restaurante se comienza a preguntar qué es lo que está haciendo su feliz comensal. Los clientes frecuentes le preguntan a qué se dedica. El flujo de prospectos nunca termina para Jerry.

Cuando se aburre, va a otro restaurante para desayunar y conoce a un grupo nuevo de prospectos.

No tenemos que estar ahí todo el día.

Podríamos tener un desayuno Nivel Seis todos los días antes de ir a trabajar. O, ¿por qué no hacer esto durante la comida todos los días? Estamos rodeados de empleados que quieren revisar alternativas para su rutina del día a día.

Todas las personas beben un café o comen por lo menos una vez por día. ¿Los tomadores de café se sienten cómodos bebiendo café? ¿Las personas se sienten cómodas comiendo?

¡Sí!

Ahora les estamos hablando en el Nivel Seis.

¿Alguien quiere pizza?

Aparta todo un sábado para reunirte con prospectos y comer pizza. Reúnete con ellos en la pizzería local, uno o dos prospectos a la vez. Ordena pizza todo el día mientras te reúnes con nuevos prospectos.

No sonará atemorizante para los prospectos el reunirse con alguien para comer una o dos rebanadas de pizza. Nuestra historia de dos minutos no dura mucho tiempo, y luego podemos hablar sobre los detalles de ser socios en el futuro.

¿La invitación? Podríamos llamar a alguien durante la semana y decir, "Vamos a vernos para comer una rebanada de pizza el sábado. ¿Qué tal a las 2pm? Sé que tienes que pasar por tu hijo a su entrenamiento a las 3pm. Este negocio puede o no ser una buena opción para ti ahora, pero ¿quién sabe lo que el futuro pueda traer? Y nos ponemos al día también."

Está bien, podemos armar una invitación mucho mejor que esa, pero tenemos el punto. No es difícil llenar nuestro sábado de citas si les estamos ofreciendo a las personas una opción más para sus vidas.

¿Qué hay de las presentaciones de negocio?

Rentar un salón de juntas en un hotel puede ser costoso. Además, cuando invitamos personas a una junta de oportunidad en un hotel, a menudo se preocupan de que se aproxima un largo sermón de ventas. Es más fácil invitar a estos prospectos a una cena de negocios.

¿Las cenas de negocios son costosas? Podríamos encontrar que cuestan lo mismo o incluso menos que rentar un salón de hotel. Además, nuestros invitados pueden venir directamente de sus trabajos y cenar temprano. Estarán en casa mucho más pronto que si asisten a una presentación de negocio que comenzó mucho más tarde.

Muchos restaurantes tienen salones de banquete. Están felices de permitirnos usar estos salones gratis, siempre y cuando compremos la cena. Esta es una situación ganar-ganar. El restaurante tiene mayores ventas. Nuestros invitados obtienen una cena gratis. Tendremos más prospectos que quieran asistir. Y nuestros costos serán los mismos que los de un caro salón en un hotel.

Relaciones con nuestro grupo.

Esta es la estrategia de Keith para los entrenamientos del sábado, que le ayuda a su grupo a sentir un fuerte vínculo con la compañía y el equipo.

Después de que su grupo local se hizo demasiado grande para caber en una cafetería, mudó los entrenamientos de los sábados a hoteles. Siempre hay un receso para comer a la mitad del día en el taller.

Este era un momento perfecto para que el equipo creara lazos durante la comida. Pero había unos pocos obstáculos.

- Algunas personas querían traer sus propios alimentos.
- Otras personas querían salir a comer.
- Algunas personas preferían comer en el hotel.

- Otras personas querían pasear en el área.
- El hotel no podía alimentar a tantos distribuidores durante un receso tan corto.
- El receso programado se podía convertir en casi dos horas.

¡Rayos!

¿La solución de Keith?

Cobrar unos pocos dólares extra por el entrenamiento del sábado, e incluir la comida. No el servicio completo y costoso de la comida del hotel. ¿Quién quiere pagar $100 dls por una comida? En vez de eso, el grupo se mudó a hoteles con "servicio limitado."

Muchos hoteles de "servicio limitado" usan el salón de los desayunos durante el horario del desayuno solamente. Luego cierran las puertas hasta la mañana siguiente.

Su grupo rentó el salón de juntas del hotel, y luego preguntó si podían arreglar el salón de desayunos vacío con su comida preparada. Keith siempre ordena extra para cuidar de los empleados que trabajan en el hotel. Los empleados no pueden esperar a que Keith y su grupo regresen.

El grupo ahorró cientos de dólares en cada reunión de los sábados, pero la magia real fue con el equipo. No se distraen saliendo durante la hora de comida. El equipo se comunica en Nivel Seis durante todo el horario de comida. La atmósfera familiar de comer en grupo hizo que los miembros del equipo regresaran una y otra vez para los entrenamientos.

Adoro los banquetes mensuales.

Cuando comencé mi negocio de redes de mercadeo en Chicago en 1972, fue un comienzo lento. Pero tan pronto como tuve unos pocos miembros en mi equipo local. Organicé un banquete mensual. Pensé, "Las personas salen a cenar por lo menos una vez al mes. ¿Por qué no salir con sus compañeros de equipo?"

Todos pagaban por su propia cena. Esto no era un gran gasto para mi como líder. Mi grupo tenía oportunidad de compartir las experiencias del mes, y reavivar su creencia en nuestro negocio. Es más fácil creer cuando nos rodeamos a nosotros mismos de personas con las mismas creencias.

¿El banquete mensual fue un gran éxito? La ligera probabilidad de lluvia podía ahuyentar a los miembros del equipo de una junta de oportunidad. ¿Pero para el banquete? Demostraron que podían llegar al banquete incluso bajo las peores heladas. A las personas les fascina relacionarse durante los alimentos.

¿Y qué pasaría si los miembros de nuestro equipo traen a un invitado a nuestras cenas grupales? Sí, podríamos incluso usar esta actividad para patrocinar más miembros nuevos dentro del equipo.

Si vamos a construir nuestro negocio rápidamente, no sólo debemos de ingresar personas nuevas, sino que también debemos conservar a quienes ya están dentro.

¿HACER SEGUIMIENTO? ¡UFF!

Conocemos el viejo dicho, "La fortuna está en el seguimiento."

Pero, hacer seguimiento es tedioso. Nadie contesta el teléfono. Nadie quiere responder los mensajes. Y si podemos hacer que unos pocos prospectos hablen por teléfono, ellos fingen estar apresurados o en medio de una emergencia. Detestan tener que hablar con vendedores. Pero qué pérdida de tiempo.

¡Oh, espera! Nosotros hacemos lo mismo con los vendedores en nuestras vidas.

¿Qué ocurre cuando escuchamos que nuestro teléfono suena? Si no estamos esperando la llamada, 9 de cada 10 ocasiones dejamos que la llamada se vaya al buzón de voz.

¿Por qué? No tenemos idea de por qué nos están llamando. No tenemos idea de cuánto durará esta conversación. Así que tal como un agente secreto, nos mantenemos escondidos en silencio y esperamos hasta después para revisar el mensaje de quien llama.

Si estamos interesados, o sentimos seguridad al regresar la llamada, comenzamos diciendo, "Acabo de perder tu llamada, ¿qué pasa?"

Esto nos ayuda a evitar la cháchara y banalidades cuando estamos recortados de tiempo. Podemos evitar vendedores rudos y molestos. Y nuestros prospectos llevan las mismas vidas con ocupaciones que nosotros.

¿El resultado? Invertimos tiempo en hacer seguimiento, pero casi nadie toma nuestras llamadas. Pocos prospectos responden a nuestros mensajes. Hablar con los prospectos de nuevo es difícil.

¿Cuál es nuestro nivel de comunicación cuando esto ocurre?

Cero.

Cualquier comunicación es mejor que cero.

Queremos evitar aburridas llamadas telefónicas que nadie responde.

Nos sentimos mal cuando nadie nos responde.

Esto toma mucho tiempo para una recompensa tan pequeña. Esto no es construir nuestro negocio con rapidez.

¿Y qué podemos hacer? Usar el Nivel de Comunicación Uno, un simple mensaje de texto. Nuestros prospectos siempre llevan sus teléfonos consigo. Y revisan sus mensajes de redes sociales también.

Muchos de nosotros tenemos una adicción secreta al sonido de la notificación de los mensajes. Un mensaje significa que alguien está pensando en nosotros, hay algo nuevo, o tal vez esto podría ser importante.

¿Revisan sus mensajes? Apuéstalo.

¿Deberíamos enviar mensajes a nuestros prospectos y suplicar hasta la sumisión? Por supuesto que no. Pero aquí está un mensaje sin presión que podríamos enviar.

"Yo sé que no estás interesado en mi mensaje pero, ¿podrías hacerme un favor? Si escuchas a alguien que quiera ganar algo de dinero extra antes de las vacaciones, ¿podrías recomendarme por favor?"

¿Nuestros prospectos se sentirán presionados? No.

¿Están felices de que respetemos su decisión de no unirse? Totalmente. De hecho, podrían estar pensando.

"¡Genial! Crucé al otro lado de la calle cuando te vi venir. Me escondí en el baño cuando te vi en la misma fiesta. Y estoy cansado de fingir que no recibo tus mensajes y decir que nunca llegan, querido amigo. Ahora puedo sentirme seguro de sólo ser amigos de nuevo."

¿Qué ocurre cuando nuestros prospectos reciben este mensaje?

1. Se sienten aliviados de que estamos de acuerdo con su decisión de "no."

2. Se sienten emocionados de que pueden conversar con nosotros de nuevo sin guiones de venta ni presión.

3. Se sienten un poco culpables sobre su decisión de "no" por que invertimos tiempo con ellos. Se sienten un poco obligados para encontrarnos a alguien que pudiera tener interés. Esto es una oportunidad para referidos.

4. Podrían pensar, "¿A qué te refieres con que no estoy interesado? Entraré sólo para demostrar que estás equivocado." Esta es una respuesta común de las personalidades rojas.

5. Nos sentimos bien por que entregamos nuestro mensaje principal a través de su resistencia mental. Les recordamos de nuestros beneficios.

6. Ahorramos tiempo. Escribir y enviar este mensaje sólo toma pocos segundos. Y al copiar y pegar, podríamos hacer todo nuestro seguimiento del mes en solo minutos.

7. No sentimos rechazo. Los únicos prospectos de los que escucharemos respuestas serán aquellos con referidos, y quienes decidan unirse.

¿Obtendremos muchos referidos?

Tal vez, tal vez no. Pero cualquier referido es mejor que ningún referido. Al repetir nuestro beneficio principal, lo hacemos fácil para que piensen en cualquiera que podría calificar.

¿Haremos que los prospectos cambien de opinión? Sí. Y luego podemos subir la conversación a un nivel más alto. Podemos tener una conversación con ellos o reunirnos en persona.

Cuando hacemos este ejercicio en los talleres en vivo, muchos distribuidores reportan obtener citas antes de que el taller termine. Sus prospectos sólo esperaban que alguien los contactara de nuevo. Aquí hay algunas respuestas típicas:

- "Gracias, aprecio la oferta." (No es la respuesta que estamos buscando, pero por lo menos nuestro mensaje llegó.)
- "He querido llamarte. ¿Podemos hablar mañana después del trabajo?" (Cita instantánea para ingresar.)
- "Gracias por hacer seguimiento. He estado súper ocupado pero todavía me interesa." (Me sigue gustando cómo suena este negocio para mí. Pero hoy no es un buen día.)
- "¿Cuándo podemos reunirnos?" (Ya has explicado el negocio. La única razón por la que quieren reunirse es para ingresar.)
- "¿Qué harás mañana?" (No puedo esperar a unirme.)
- "¿Qué tal suena si comemos juntos la próxima semana?" (Sí, debería de ingresar. Hagámoslo.)
- "Espera, ¿qué? Déjame dar una segunda mirada." (La vida se interpuso. Debería hacer esto.)

Cuando los asistentes a los talleres comparten estas respuestas positivas, incluso los distribuidores más escépticos comienzan a enviar mensajes.

La fórmula simple.

Parte 1. "Yo sé que no estás interesado."

Parte 2. "¿Podrías hacerme un favor?"

Parte 3. Recordarles nuestro beneficio.

Si conocemos bien a nuestros prospectos, será fácil crear el beneficio principal a partir de nuestras conversaciones previas.

Y cuando nuestro beneficio principal resuelve un problema en las vidas de nuestros prospectos, nuestro mensaje se hace más poderoso.

Aquí hay algunos ejemplos de este mensaje para nuestra oportunidad:

"Yo sé que no estás interesado en mi negocio, ¿pero podrías hacerme un favor? Si conoces a alguno de tus amigos que odie conducir al trabajo, y le gustaría trabajar desde su casa, ¿me podrías recomendar, por favor?"

"Ya sé que no te interesa mi negocio, ¿pero podrías hacerme un favor? Si escuchas de alguien que quiera despedir a su jefe, ¿podrías darle mi número telefónico?"

"Yo sé que no te interesa mi negocio en este momento. Lo comprendo. Pero, ¿podrías hacerme un favor? Si sabes de alguien que quiera jubilarse joven, ¿podrías decirle que me contacte, por favor?"

"Yo sé que estás muy ocupada con los niños y el trabajo ahora. Pero, ¿podrías hacerme un favor? Si sabes de alguna mamá que quiera trabajar desde su casa para poder tener más tiempo con sus hijos, ¿le podrías pasar mi número?"

"Yo sé que mi negocio de medio tiempo no te interesa, ¿pero podrías hacerme un favor? Si conoces a alguien que le gustaría pagar sus vacaciones con efectivo en lugar de con tarjetas de crédito, ¿le podrías contar sobre mí?"

"Yo sé que no tienes interés en mi negocio de medio tiempo, ¿pero podrías hacerme un favor? Si te enteras de alguien que le gustaría ganar unos $700 dls extras antes de las vacaciones, ¿me podrías avisar?"

¿Pero qué hay de los clientes?

Sí, esto funciona bien con nuestros clientes potenciales. Aquí hay algunos ejemplos.

"Yo sé que no estás interesado en nuestro programa de dietas, ¿pero podrías hacerme un favor? Si escuchas a alguien que quiera perder unos diez kilos extras antes del verano, ¿podrías darle mi teléfono?"

"Yo sé que no estás interesado en nuestra bebida energética, pero ¿me harías un favor? Si ves algún compañero de trabajo bostezando y luchando por permanecer despierto durante la tarde, ¿podrías decirle que tengo una solución?"

"Yo sé que no estás interesado en nuestra línea de cuidado del cutis anti-edad, ¿pero me harías un favor? Si escuchas a alguien que se queja por lucir vieja, ¿podrías hablarle de mi video?"

"Yo sé que no estás interesado en nuestra crema anti arrugas, ¿pero podrías hacerme un favor? Si escuchas a alguien quejándose por sus arrugas, ¿podrías darle mi tarjeta?"

"Yo sé que no estás interesado en cambiar tu proveedor de electricidad ahora, ¿pero podrías hacerme un favor? Si escuchas a alguien que se queja por que su factura es muy alta, ¿me podrías recomendar?"

"Yo sé que no estás interesado en nuestro programa de compras, ¿pero me harías un favor? Si sabes de alguien que le guste pagar precios más bajos en lugar de precios más altos, ¿podrías recomendarlos conmigo, por favor?"

"Yo sé que no estás interesado en viajar con nuestro club, ¿pero me harías un favor? Si te enteras de alguien que le gustaría ahorrar 50% en sus vacaciones familiares de cada año, ¿me podrías recomendar?"

"Yo sé que no estás interesado en nuestros servicios legales, ¿pero me harías un favor? Si escuchas a alguien que le guste la velocidad pero no le gusten las multas, ¿podrías recomendarlo conmigo, por favor?"

Fácil, rápido, y sin rechazo.

Podemos hacer el seguimiento de nuestra lista completa en sólo minutos. Para muchos de nuestros prospectos que "lo están pensando más," podemos copiar y pegar este mensaje y rápidamente enviar un texto como este.

Sin rechazo. Sólo escuchamos de nuestros prospectos que quieren tomar acción. Podrían responder, "Hey, sigo interesado. Sólo he estado demasiado ocupado para llamar."

Si no están interesados, no escuchamos de ellos. Y, algunos de nuestros prospectos sin interés podrían darnos algunos referidos.

¿QUÉ HAY DE NUESTROS NUEVOS MIEMBROS?

Podríamos estar diciéndonos, "¡Pero los miembros de mi equipo no hacen nada!"

Cuando los distribuidores se unen, ¿cuántas habilidades profesionales de redes de mercadeo tienen? Cero.

¿Que es lo que los nuevos distribuidores tienen? Un deseo de construir un negocio... y toda una montaña de asuntos y problemas.

Y nos quejamos, "¡Mis nuevos distribuidores no hacen nada!"

En lugar de quejarnos, deberíamos de ayudarlos a comenzar. Deberíamos preguntarnos a nosotros mismos si les hemos proveído por lo menos unas pocas habilidades o algo de mentalidad. Por ejemplo:

- ¿Les escribimos, palabra por palabra, exactamente qué decir a sus prospectos por teléfono? O dijimos, "Oh, no sé exactamente que decir. Son amigos tuyos. Haz lo mejor que puedas."
- ¿Eliminamos de sus mentes el miedo a las ventas? ¿Su miedo al rechazo? ¿Les dimos las palabras qué decir para prevenir los comentarios negativos de sus prospectos?

- ¿Les escribimos, palabra por palabra, exactamente qué decir con sus prospectos para superar la objeción del precio?
- ¿Les escribimos, palabra por palabra, exactamente qué decir ante las objeciones más comunes que enfrentarán?

Debemos de hacer primero nuestra parte. Debemos de darle a los miembros de nuestro equipo por lo menos las habilidades mínimas que necesitan cuando comienzan.

Los nuevos miembros de nuestro equipo ya tienen motivación. Se unieron. Ahora la responsabilidad es nuestra de darles las habilidades para que puedan trabajar en su negocio.

Si hacemos nuestra parte al darle a los miembros motivados de nuestro equipo algunas habilidades geniales para comenzar, nos sorprenderán con el progreso en sus negocios.

TODO ESTO SUCEDE TAN RÁPIDO.

Sí, no necesitamos una larga y aburrida presentación de ventas para hacer que las personas digan "sí" a lo que ofrecemos. La mente humana no funciona así.

Los humanos toman decisiones primero. Luego, si la respuesta es "sí," queremos más información.

¿Eh?

Si no has leído nuestro libro, *Pre-Cierres para Redes de Mercadeo*, aquí está un vistazo breve del proceso de toma de decisiones.

Pregunta a un amigo, "¿Cómo tomas tus decisiones? ¿Son emocionales? ¿Haces una relación de las razones de por qué sí contra las razones de por qué no? ¿Es una cuestión hormonal? ¿Vocecitas que hablan en tu oído?"

¿La respuesta de nuestro amigo? "No lo sé."

Bueno, estamos en el negocio de tomar decisiones. Ese es nuestro trabajo. Debemos hacer que nuestros prospectos tomen la decisión de comprar nuestros productos o servicios, o de unirse a nuestro negocio.

Ahora, incluso si nuestros prospectos no saben cómo toman sus decisiones, ¿qué tal si nosotros lo supiéramos? ¿Nos ayudaría esto a crecer nuestro negocio más rápido? Por supuesto.

Preguntémonos, "¿Realmente sabemos cómo nuestros prospectos toman sus decisiones finales?"

Si acabamos de iniciar en redes de mercadeo, no lo sabemos. No nos enseñan esto en la escuela.

Pero la ciencia del cerebro hace que esta pregunta sea fácil de responder. Sin ponernos técnicos, aquí está una breve guía que nos ayudará a comprender cómo nuestros prospectos toman decisiones.

Nuestros prospectos tienen cinco preguntas que los activan. Estas preguntas deben de estar en el orden correcto. Si podemos responder estas preguntas en el orden correcto, nuestros prospectos se sentirán relajados cuando tomen decisiones con nosotros.

Aquí están las cinco preguntas de "activación" que tienen nuestros prospectos.

Pregunta #1. "¿Quién eres?"

Este es su programa de supervivencia trabajando duro. Todo mundo quiere sobrevivir. Ahora, ¿nuestros prospectos nos ven diferente que a una estrella de cine famosa? Por supuesto. También habrá una diferencia si ya nos respetan, o si atropellamos a su perro cuando llegamos a visitarlos. Los prospectos nos juzgan duramente.

No podemos cambiar quien somos en segundos. Esto llevará algo de tiempo. Esta es la razón del desarrollo personal. Mientras acumulamos nuevos programas internos y mejores actitudes, ganamos el respeto ante los ojos de nuestros prospectos.

Pregunta #2. "¿Puedo confiar y creer en ti?"

Esta es la pregunta más grande en la mente de nuestros prospectos. No importa qué tan buena sea nuestra oportunidad o nuestros productos, si nuestros prospectos no nos creen, estamos muertos.

Tenemos unos pocos segundos críticos para establecer esta confianza y creencia. Los amateurs desperdician estos pocos segundos. ¿Los profesionales? Bueno, ellos saben exactamente cómo manejar estos segundos. Si hacemos esto bien, el resto de los pasos es fácil.

Si tenemos buenas habilidades de afinidad, nuestras carreras serán casi sin esfuerzo.

Pregunta #3. "¿Eres interesante?"

Hay miles de fragmentos de datos que compiten por la atención de nuestros prospectos. Debemos de sobresalir por encima de estos impulsos que compiten. ¿Recuerdas los breves períodos de atención de los humanos?

Si no somos interesantes, las mentes de nuestros prospectos divagarán y los perderemos.

A los humanos no nos gusta escuchar detalles sobre algo en lo que no tenemos interés. Debemos ser interesantes al principio. Luego querrán escuchar más detalles.

Pregunta #4. "¿Quiero hacerlo, o no?"

La ciencia del cerebro ha establecido que las decisiones finales de nuestros prospectos ocurren en los primeros pocos segundos. Estas son noticias geniales para nosotros. Si podemos obtener la decisión final de nuestros prospectos dentro de los primeros 10 o 15 segundos, entonces nuestros prospectos estarán de nuestro lado durante el resto de nuestra conversación.

Parece extraño que el cierre suceda antes de que nuestros prospectos sepan algo sobre nuestra oferta. Nuevas habilidades como ésta nos catapultan hacia el crecimiento más rápidamente.

Pregunta #5. "¿Puedes darme los detalles?"

Sí, las decisiones ocurren muuucho antes de que nuestra presentación incluso comience. Sólo daremos presentaciones a los prospectos que toman una decisión de "sí" primero.

Los amateurs creen que la decisión final ocurre después de la presentación.

Los profesionales saben que la decisión final ocurre antes de la presentación.

Pero ahora que nuestros prospectos han decidido que somos interesantes y que esto es algo que quieren hacer, ahora están dispuestos a escuchar los detalles. Aquí es donde damos nuestra presentación.

Algunos prospectos quieren una larga presentación con bastantes detalles. Otros no quieren nada de detalles. Están listos para tomar acción ahora.

¿PODEMOS MEJORAR?

Por supuesto. Esta rápida guía de inicio es sólo el comienzo.

Queremos aprender las cuatro habilidades básicas lo antes posible. Cada vez que nos reunamos con un prospecto "en vivo," usaremos estas cuatro habilidades básicas:

1. Afinidad.

2. Romper el hielo.

3. Cierre.

4. Presentación.

Pero no tenemos que esperar. Podemos comenzar ahora.

Podemos construir nuestro negocio de redes de mercadeo y ganar bonos mientras aprendemos estas cuatro habilidades centrales.

Pero nuestro potencial es mucho, mucho más grande. Queremos aprender habilidades tales como:

- Los cuatro colores de las personalidades.
- Palabras visuales.
- Seguimiento.
- Necesidades versus deseos.
- Programas de la mente subconsciente.

- Secuencias de palabras mágicas.
- Primeras frases geniales.
- Frases pegajosas.
- Habilidades de prospección.
- Habilidades de liderazgo.
- Y muchas, muchas más.

Mientras aprendemos más habilidades, nos hacemos más atractivos para nuestros prospectos. Ellos quieren que seamos su guía hacia el éxito.

Además, con mejores habilidades, obtenemos mejores resultados.

No esperes. Comienza ya.

Aquí está nuestra oportunidad de crecer rápidamente en nuestra nueva y emocionante carrera.

AGRADECIMIENTO.

Gracias por adquirir y leer este libro. Esperamos que hayas encontrado algunas ideas que te servirán.

Antes de que te vayas, ¿estaría bien si te pedimos un pequeño favor? ¿Tomarías sólo un minuto para dejar una frase o dos como comentario en línea de este libro? Tu opinión puede ayudar a otros a elegir qué leer a continuación. Sería de gran ayuda para muchos otros lectores.

Viajo por el mundo más de 240 días al año.
Envíame un correo si quisieras que hiciera
un taller "en vivo" en tu área.

→ BigAlSeminars.com ←

¡OBSEQUIO GRATIS!

¡Descarga ya tu libro gratuito!

Perfecto para nuevos distribuidores. Perfecto para
distribuidores actuales que quieren aprender más.

→ BigAlBooks.com/freespanish ←

Otros geniales libros de Big Al están disponibles en:

→ BigAlBooks.com/spanish ←

MÁS LIBROS EN ESPAÑOL

BigAlBooks.com/Spanish

Pre-Cierres para Redes de Mercadeo
Decisiones de "Sí" Antes de la Presentación

Cierres para Redes de Mercadeo
*Cómo Hacer que los Prospectos Crucen la Línea
Final*

**Los Cuatro Colores de Las Personalidades para
MLM**
El Lenguaje Secreto para Redes de Mercadeo

**Cómo Construir Tu Negocio de Redes de
Mercadeo en 15 Minutos al Día**

La Presentación de Un Minuto
*Explica Tu Negocio de Redes de Mercadeo Como un
Profesional*

Ventas al por Menor para Redes de Mercadeo
Cómo Conseguir Nuevos Clientes para Tu Negocio en MLM

Motivación. Acción. Resultados.
Cómo Los Líderes En Redes De Mercadeo Mueven A Sus Equipos

51 Maneras Y Lugares Para Patrocinar Nuevos Distribuidores
Descubre Prospectos Calificados Para Tu Negocio De Redes De Mercadeo

Rompe El Hielo
Cómo Hacer Que Tus Prospectos Rueguen Por un Presentación

¡Cómo Obtener Seguridad, Confianza, Influencia Y Afinidad Al Instante!
13 Maneras De Crear Mentes Abiertas Hablándole A La Mente Subconsciente

Primeras Frases Para Redes De Mercadeo
Cómo Rápidamente Poner A Los Prospectos De Tu Lado

La Magia De Hablar En Público
*Éxito Y Confianza En Los Primeros 20
Segundos*

MLM de Big Al la Magia de Patrocinar
*Cómo Construir un Equipo de Redes de
Mercadeo Rápidamente*

**Cómo Prospectar, Vender Y Construir Tu
Negocio De Redes De Mercadeo Con
Historias**

**Cómo Construir LÍDERES En Redes De
Mercadeo Volumen Uno**
Creación Paso A Paso De Profesionales En MLM

**Cómo Construir Líderes En Redes De
Mercadeo Volumen Dos**
Actividades Y Lecciones Para Líderes de MLM

**Cómo Hacer Seguimiento Con Tus
Prospectos Para Redes De Mercadeo**
*Convierte un "Ahora no" En un "¡Ahora
mismo!"*

COMENTARIO DEL TRADUCTOR

Ha sido un placer para mí traducir este libro para los lectores en español. *Guía de Inicio Rápido*, hace que construir tu negocio sea más rápido. Me ofrecí para traducir este libro ya que las ideas aquí mostradas han funcionado tan bien para mí, que deseaba compartirlas con otros.

Todas las ideas y conceptos de este libro han sido probados por miles de empresarios de redes de mercadeo alrededor del mundo. Conoce y aplica los mejores métodos para encender la mecha detrás tuyo y detrás de tus nuevos socios para poder construir con velocidad.

Así que deja atrás la frustración, el rechazo, el miedo, las dudas y la desesperación. Simplemente usa estos consejos para que tu negocio se mueva hacia adelante, rápidamente.

Gracias por soltar viejos patrones de pensamiento y creer que hay una nueva manera de construir tu negocio de redes de mercadeo en menos tiempo, sólo aprende nuevas habilidades para construir un negocio estable, divertido y redituable de la manera correcta.

Deseo grandes cheques para ti y tus socios.

–Alejandro G.

SOBRE LOS AUTORES

Keith Schreiter tiene más de 20 años de experiencia en redes de mercadeo y multinivel. Keith le muestra a los empresarios de redes de mercadeo cómo usar sistemas simples para construir un negocio estable y en expansión.

¿Necesitas más prospectos? ¿Necesitas que tus prospectos se comprometan en lugar de estancarse? ¿Quieres saber cómo enganchar y mantener activo a tu grupo? Si éste es el tipo de habilidades que te gustaría dominar, te encantará su estilo de cómo hacerlo.

Keith imparte conferencias y entrenamientos en Estados Unidos, Canadá y Europa.

Tom "Big Al" Schreiter tiene más de 40 años de experiencia en redes de mercadeo y multinivel. Es el autor de la serie original de libros de entrenamiento "Big Al" a finales de la década de los 70s, continúa dando conferencias en más de 80 países sobre cómo usar las palabras exactas y frases para lograr que los prospectos abran su mente y digan "SI".

Su pasión es la comercialización de ideas, campañas de comercialización y cómo hablar a la mente subconsciente con métodos prácticos y simplificados. Siempre está en busca de casos de estudio de campañas de comercialización exitosas para sacar valiosas y útiles lecciones.

Como autor de numerosos audios de entrenamiento, Tom es un orador favorito en convenciones de varias compañías y eventos regionales.

CPSIA information can be obtained
at www.ICGtesting.com
Printed in the USA
FSHW021535031019
62661FS